KB197383

퍼스널 브랜딩의 모든 것

내 이름이 브랜드가 되는 4단계 전략

퍼스널 브랜딩의 모든 것

초판 1쇄 인쇄일 2025년 02월 13일
초판 1쇄 발행일 2025년 02월 28일

지은이 허지영
펴낸이 양옥매
디자인 표지혜
마케팅 송용호
편　집 홍민지 이원희

펴낸곳 도서출판 책과나무
출판등록 제2012-000376
주소 서울특별시 마포구 방울내로 79 이노빌딩 302호
대표전화 02.372.1537　**팩스** 02.372.1538
이메일 booknamu2007@naver.com
홈페이지 www.booknamu.com
ISBN 979-11-6752-588-8 (03320)

퍼스널 브랜딩의 모든 것

내 이름이 브랜드가 되는

4단계 전략

허지영 지음

추천사

송정림(작가)
<참 좋은 당신을 만났습니다>저자

허지영 작가는 내 드라마 작가 반의 제자다. 언제나 제일 일찍 강의실에 들어와 맨 앞자리에서 초롱초롱 눈에 불 밝히며 수업을 듣던 미모의 제자다. 모습만 아니라 마음도 따뜻하고 아름다워 강의실을 환하게 비춰주던 제자가 책을 낸다고 해서 미리 원고를 받아보았다. 글에는 사람이 묻어난다. 체험했던 것들을 하나하나 일러주며 같이 가자 손을 잡아준다. 옆에서 조곤조곤 알려 주는 참 이쁜 잔소리쟁이 언니 같다. 1인 기업가로 살아가는 것은 어떤 기분일까. 세상에 자기 이름표를 내걸고 홀로 방향을 정하고 꿋꿋이 걸어가야 하는 고독한 길일 것이다.

그 길에 발걸음이 흔들리기도 할 것이다. 길을 잘못 들어 헤매기도 할 것이다. 그럴 때 이 책을 펴서 물어보면 어떨까. 지금 제대로 잘 가고 있는 것인지, 이럴 때 어떤 마음이 필요한 것인지….

이 책은 꼭 1인 기업가로 성공하는 방법만이 아니라 인생의 방향 지시등의 역할을 해주지 않을까. 하루하루 성장해 나가는 법을 알려 주지 않을까. 인생을 사랑하는 법, 순간순간 꽃을 피우는 법을 말해주지 않을까… 그런 기대를 해본다.

정연아(정연아 이미지테크 대표)
<내 색깔을 찾아줘>저자

허지영 대표의 첫인상은 차분한 외모지만 어딘지 모르게 열정이 묻어났다. 집필한 책을 통해 글을 참 잘 쓰는 전문가인 것을 알고 그녀의 가치는 한순간에 높아 보였다. 이 책은 1인 기업을 준비하는 사람뿐 아니라 1인 기업가로 살아가고 있는 사람에게도 유용한 팁이 가득하다. 진정 퍼스널 브랜딩에 성공하려면 글쓰기 능력은 필수 조건임을 강조하고 싶다.

이민영 (TND 소장/교육학 박사)
<요즘 팀장의 리더 수업> 저자

1인 기업가로 홀로서기 위해서는 일시적인 노력이 아닌 탄탄한 준비가 필요하다. 이 책은 새로운 삶을 준비하려는 직장인들에게 큰 힘이 되어줄 것이다. 흔들림 없이 자신의 길을 걸어가고 있는 허지영 작가의 모든 열정과 노하우를 자신의 것으로 만들어보길 바란다.

프롤로그

내 이름이 브랜드가 되는
1인 기업가로 살아간다는 것

나는 내가 좋아하는 일을 하며 생계를 이어가는 1인 기업가다. 대기업에서 10년 동안 직장 생활을 했으며 경력 단절의 시기를 지나 1인 기업가로 살아온 지 10년이 넘었다. '허지영'이라는 내 이름 석 자를 내걸고 글을 쓰며 강연을 하고 코칭을 한다.

지난 시간을 돌아보면 나는 매 순간 간절함으로 살아왔음을 느낀다. 직장 생활을 할 때는 당장 이곳을 벗어나면 아무것도 아닌 내가 될 것 같았다. 아파도 힘들어도 괜찮은 척 출근했다. 일하는 즐거움보다 책임감과 불안감이 더 컸다. 나보다 직장을 우선시했고 직장 안에서 나의 정체성을 찾으려 했다. 부족한 체력으로 악착같이 견디고 또 견디며 일을 했지만 퇴직 후 남은 것은 허무함뿐이었다.

5년이라는 경력 단절의 시간을 보내면서 나는 이 사회에서 쓸모없는 존재가 된 것만 같았다. 사랑하는 가족들이 있지만 그들을 케어하는 역할만으로 내 인생을 정의하고 싶지 않다는 생각이 간절했다.

조직 사회를 떠나서 '내 일'이 얼마나 소중한지를 깨달았다. 아이가 어린이집에 갈 무렵, 그동안 관심을 가졌던 의류 분야로 창업을 시작해 1인 기업 사장이 되었다. 장사는 처음이라 적응하기까지 많은 시행착오를 거쳤다. 다양한 고객과 거래처 사장들을 통해서 일에 대해 새롭게 정의내릴 수 있었다. 사람이 하는 일에서 가장 중요한 것은 진심 어린 마음이라는 것을 알 수 있었다. 노력한 만큼 성과를 얻고 사람을 얻으며 일을 하는 기쁨이 컸다. 경력 단절이라는 힘든 시기를 보내는 여성들에게 무엇이든 시작할 수 있는 용기를 주고 싶어 창업의 경험을 담은 첫 책을 출간했다.

책을 쓰며 많은 눈물을 쏟았다. 지난 삶을 돌아보며 나는 나에 대해 이렇게 깊이 생각해 본 적이 없었다는 것을 알게 되었다. 또 많은 것을 깨달았다. 나는 단 한 순간도 보잘것없는 존재가 아니었다는 것을. 내가 살아온 모든 순간에서 값진 배움을 얻었다는 것을 말이다. 다른 사람들도 마찬가지일 거라는 생각에 누구나 인생에 한 번은 책을 써봤으면 좋겠다는 생각을 하게 되었다. 첫 책을 쓴 후 나는 쉬지 않고 집필을 이어왔고 그힘으로 지금까지 올 수 있었다.

첫 책을 출간한 후 나는 창업을 주제로 다양한 교육을 시작할 수 있었다. 특히 책을 읽은 독자분들이 컨설팅 요청을 많이 해주었다. 20~30대 취준생, 경력 단절 여성, 직장인 등 다양한 사람들을 만나면서 내가 아는 것으로 작게나마 도움을 줄 수 있다는 것이 좋았다. 장사를 할 때의 마음과는 달랐다. 판매보다는 교육이 적성에 잘 맞다는 생각이 들기도 했다. 옷 판매와 교육을 병행하고 꾸준히 책을 쓰면서 내 마음은 자연스럽게 교육 쪽으로 향했다.

그동안 내가 썼던 책의 주제는 다양하다. 내가 쓴 책의 주제에 따라 다양한 교육의 기회가 주어졌다. 기업, 공공기관, 군대, 학교 등에서 창업, 동기부여, 자존감, 독서, 글쓰기 주제로 강연을 이어갔다. 책이 이어준 독자들과의 소통으로도 얻는 것이 참 많았다. 꾸준히 책을 쓰고 교육을 하면서 내가 내린 하나의

퍼스널 브랜딩의 모든 것

결론은 어떤 분야의 사람이든 상관없이 꼭 필요한 것은 독서와 글쓰기라는 사실이었다.

절망의 끝에서 허무함만 남았을 때 나를 일으켜 세우기 위해 《여자의 인생을 바꾸는 자존감의 힘》을 썼다. 이 책은 이후에 원고 없이 세 권의 책을 계약할 기회를 안겨주었다. 절망의 순간에 자신의 힘으로 다시 일어선다는 것은 엄청난 파급력을 지니고 있다는 것을 경험으로 깨달았다. 그때의 경험으로 고통스러운 순간에는 '포기' 대신 '내면의 힘'을 더욱 강하게 키우는 데 초점을 맞췄다. 이렇게 여덟 권의 책을 출간하기까지 쉼 없이 달려왔다. 내 인생을 바꾸고 싶다는 간절함 하나로 말이다.

이번 책 《퍼스널 브랜딩의 모든 것》은 어느 공기업에서 받은 메일 한 통에서 시작되었다. '직장인을 위한 퍼스널 브랜딩'을 주제로 칼럼을 써 달라는 요청 메일이었다. 안정적인 분위기의 회사라 그런지 자기계발이 부족하고 권태로움으로 힘들어하는 사람이 많다 보니, 직장 내에서도 퍼스널 브랜딩이 필요하다는 것을 칼럼을 통해 이야기 해줬으면 좋겠다는 내용이었다.

몇 페이지의 칼럼을 쓰면서 문득 직장인들의 고충에 대해 상당 부분 잊어버린 것은 아닐까? 하는 반성과 함께 참 많은 고민을 했다. 이 책은 그 고민 끝에 탄생했다. 직장에서 인정받으며 살았던 시간의 가치, 이후의 삶에서 스스로 브랜딩을 하기 위해 고군분투하며 깨달은 것들을 책에 담아야겠다고 결심했다.

직장 생활의 경험도 경력 단절의 시간도 내게 꼭 필요한 시간이었음을 이제는 안다. 인생의 모든 순간에 '원인과 결과의 법칙'은 예외가 없다는 것도. 우리는 늘 마음이 급해서 당장 원하는 결과를 얻지 못하면 자신에게 재능이 없다고 말한다. 하지만 재능만으로 할 수 있는 일은 별로 없는 것 같다. 인생 전체를 바라보면서 지금 이 순간을 하나의 점으로 생각했으면 한다. 나를 찾아가기 위한 하나의 과정이라고. 늘 열린 마음으로 희망을 품고 살아가는 것은 정말 중요하다. 지금의 직장 생활 또한 쓸모없는 경험이 아니라는 것을 말해 주고 싶다. 직장 생활을 하면서도 미래를 위한 준비는 얼마든지 할 수 있다는 것을 이 책에서 말하려 한다. 늦었다고 생각할 때가 가장 빠른 법이다.

인생은 생각보다 길어서 우리가 스스로에게 기회를 준다면 얼마든지 다른 길이 있음을 말해준다. 나는 승무원으로 10년을 근무하면서 사람 공부를 하며 남다른 인내심과 끈기를 기를 수 있었다. 5년이라는 경력 단절의 시간을 통과하며 내 인생에서 일이 가지는 의미를 절실히 깨달았다. 창업을 하며 돈을 번다는 것이 얼마나 힘든 일인지 알 수 있었고 사람의 마음을 얻기 위해서는 진심과 포기 없는 노력이 필요하다는 것을 깨달았다. 또한 책을 쓰면서 내 인생에 다양한 길이 존재한다는 것을 알 수 있었고 내가 그토록 찾아 헤맸던 내 길을 발견할 수 있었다.

열정을 유지하고 끈기를 벗 삼아 지속적으로 책을 쓴다는 건 쉬운 일이 아니었다. 누군가는 나에게 왜 지름길을 포기하고 힘든 길을 선택하느냐고 묻는다. 나는 힘들어도 나로서 설 수 있는 길이 지름길이라 믿는다. 영상 콘텐츠가 대세인 지금, 글로 승부를 보겠다는 내 결심은 본질에서 멀어지고 있는 세상을 향한 작은 외침인지도 모른다. 하지만 누가 뭐라 해도 나는 책을 쓰면서 내 인생을 스스로 개척했다. 또 지치지 않고 나답게 퍼스널 브랜딩을 해나가고 있다. 느리더라도 올바른 길을 가고 싶고 큰 성공은 아니어도 내 삶에서 승리하고 싶다는 마음이 간절하다.

자신을 제대로 알지 못하면서 퍼스널 브랜딩에 성공할 수는 없다. 남들이 가는 길을 생각 없이 추종하는 것은 위험하다. 거창한 무언가가 되지 않아도 괜찮다. 스스로 만족할 수 있는 내 일을 하며 살아간다는 것에 큰 의미와 가치를 두었으면 좋겠다. 자신의 길을 찾기 위해 부단히 애쓰는 사람, 본질에 충실하며 자신을 갈고닦는 사람은 결국 원하는 것을 얻을 거라고 나는 확신한다.

나는 사회에 첫발을 내디딘 후부터 25년 가까이 남다른 열정과 간절함으로 다양한 것에 도전하며 얻은 모든 것을 이 책에 담았다. 나의 경험을 통해 독자분들이 마침내 자신의 길을 찾기 위해 어떤 노력이 필요한지 알려 줄 수 있다. 이 길은 단기간에 이루어지는 길이 아니며 끈기와 인내 없이 이룰 수 없는 길이다. 하지만 내가 좋아하는 일을 하며 살아가기 위해 반드시 필요한 길임을 꼭 일러두고 싶다.

내 이름이 브랜드가 되는 1인 기업가가 된다는 것은 삶의 많은 부분에서 주도권을 가진다는 것을 의미한다. 좋아하는 일을 하면서도 생계를 이어갈 수 있고 누군가의 성장을 도울 수 있다. 자신의 가능성을 믿고 새로운 도전에 주저하지 않는다면 말이다.

지금 자신이 서 있는 그곳에서부터 시작했으면 한다. 1인 기업가의 마인드를 세팅하고 자신의 본질을 찾아 퍼스널 브랜드

퍼스널 브랜딩의 모든 것

를 만들어 가는 여정은 쉽지 않을 것이다. 하지만 이 책에서 안내하는 4단계 전략을 잘 따라온다면 인생 2막은 두려움이 아닌 설렘이 될 수 있다. '뿌린 대로 거둔다.'는 진리를 잊지 않고 부단히 노력한다면 성공도 실패도 모두 인생에서 필요한 양분이 되어 자신을 일으켜 세워줄 것이다. 언젠가 내 이름이 브랜드가 되어 멋지게 살아갈 여러분을 힘차게 응원한다.

2025년 봄,

허지영

Contents

STEP1
1인 기업을 꿈꾸는 직장인을 위한 마인드셋

STEP2
나의 본질을 찾기 위한 고민과 훈련

STEP3
가치를 입히는 브랜딩 글쓰기

STEP4
내 이름이 브랜드가 되는 책 쓰기

STEP 1

1인 기업을
꿈꾸는 직장인을
위한 마인드셋

정체성

1

▶ 사람의 정체성은 일을 통해서 만들어진다

"당신이 만약 복권에 당첨된다면 지금 하고 있는 일을 계속할 것인가?"

누군가 이런 질문을 한다면 아마 대부분의 사람들은 직장을 그만둘 것이라 말할 것이다. 직장인이 아니어도 마찬가지이지 않을까. 누군가 내게 이런 질문을 한다면 나는 지금의 일을 계속할 거라고 답할 것이다. 어떤 상황에서도 집필과 강연, 코칭을 지속하고 싶다. 내가 하는 일을 통해서 나의 정체성이 만들어진다고 믿기 때문이다. 어떤 환경에서 어떤 방식으로 일을 하느냐에 따라 우리의 삶은 달라진다. 일을 대하는 태도에 따라서도 많은 영향을 받는다.

퍼스널 브랜딩의 모든 것

정체성의 혼란을 겪고 있다고 말하는 사람들은 대부분 자신의 일이 아닌 다른 곳에서 자기 정체성을 실현하려고 한다. 집과 자동차 등 물질적인 것들로, 혹은 외적인 아름다움으로 말이다.

일은 곧 삶이다. 일하지 않고 소비만 하는 삶에서는 만족을 얻을 수 없다. 더 이상 일을 하지 않기 위해 자신만의 시스템을 만들었다고 말하는 사람들 역시 직장에 다니지 않을 뿐 또 다른 일을 하고 있다.

K는 직장 생활을 꽤 오래 했다. 제때 진급을 하지 않으면 좌절감으로 인해 마음이 너무 힘들었는데 지금은 그렇지 않다고 한다. 직장에서 맡은 일을 열심히 하면서도 내 인생을 위한 준비를 하고 있기 때문이다. 직장은 '언젠가는 나와야 할 곳'이라고 생각하며 은퇴 이후의 삶을 준비하면서 마음이 편안해졌고, 스트레스도 줄었다. 그의 말을 들으며 10년간의 회사 생활을 떠올렸다.

나는 10년간 항공사 승무원으로 능력을 인정받으며 일했다. 직장이 곧 '나'라고 생각했다. 눈을 뜨고 잠들 때까지 내 삶에서 가장 중요한 것은 직장이었다. 고향을 떠나 독립을 하는 순간부터 내 인생 최대의 목표는 회사에서 살아남는 것이었다. 지방대 졸업, 유학 경험이나 특별한 자격증이 있는 것도 아니었기에 회사를 떠나면 막막할 거라는 생각이 지배적이었다. 그런 생각으로 인해 할 수 있는 한 최선을 다해 회사에서 성공하고 싶다는 욕망이 컸다.

10년간 회사에서 쏟은 노력과 열정을 후회하는 건 아니다. 그 시간 동안 삶에 필요한 동력을 만들어낼 수 있었기 때문이다. 하지만 돌이켜 생각해 보면, 매일 주어진 업무에 최선을 다하되 직장이 내 삶의 전부라고 생각할 필요는 없었다. 준비 없는 퇴사로 아주 오랫동안 힘들었으니까. 직장에 다니면서도 인생을 충분히 즐길 수 있었다는 것, 나를 더 잘 돌볼 수 있었다는 것, 예측할 수 없는 미래에 대비할 수 있었다는 것을 퇴직하고 나서야 깨달았다.

만약 회사에 다닐 때 '지금 당장 직장을 그만두면 무엇을 할 수 있을까?'를 스스로에게 질문하고 그 답을 찾기 위해 노력했다면 어땠을까 하는 생각을 가끔 한다. 직장에서 내 일을 열심히 하면서도 미래를 위한 준비를 했다면 나는 더 행복했을 것이다.

항상 회사 업무가 우선이었기 때문에 내 건강의 소중함을 깨닫지 못했다. 장기간 소화불량으로 고생할 때 정확한 원인을 찾기 위한 노력이 부족했다. 단순히 회사에서 하는 건강 검진과 주기적인 위 검사가 최선이라 생각했기 때문이다. 아버지가 돌아가신 후 어머니를 챙기기 위해 고향인 부산으로 발령 신청을 했다. 부산에 내려가서 가장 먼저 어머니와 함께 건강 검진을 받았다. 그때 나를 그토록 힘들게 했던 소화불량의 원인을 알게 되었고 수술 후 건강해졌다. 아버지의 죽음은 쉼 없이 달려온 내 삶을 잠시 멈추게 해주었다. 내 건강을 돌볼 기회를 주었다. 내 삶에서 중요한 것은 건강과 가족이라는 것을 잊고 살았다는 것을 깨달았다.

병가를 내야 하는 상황이었음에도 진급에 영향을 주지 않기 위해 아픈 몸을 이끌고 비행을 갔던 일, 장거리 비행 중 기내에서 코피를 쏟았던 일, 해외에서 체류할 때 하루 종일 일어나지 못했던 나를 떠올려본다. 과연 일을 즐기면서 했던 순간들이 있었는지, 그때가 아니면 누릴 수 없는 것들을 얼마나 놓치며 살았는지 스스로에게 질문해 본다.

그때로 다시 돌아간다면 그런 삶을 살지 않을 것이다. 직장과 나를 동일시하는 대신 직장을 내 인생을 살기 위한 발판으로 만들 것이다. 이 책을 읽을 독자들에게 다른 길이 있음을 말해

주고 싶다.

　직장에 얽매이거나, 반대로 직장을 너무 가벼이 여기는 양극화가 두드러지는 요즘이다. 직장 생활을 오래 한 기성세대는 직장에 대한 의존도가 너무 높고 사회 초년생은 직장 생활을 견딜 끈기가 부족하다. 이리저리 옮겨 다니며 자신에게 딱 맞는 직장에 들어가고 싶지만 생각처럼 쉽지 않다. 그래서인지 직장은커녕 아르바이트를 전전하며 살아가는 청년들이 늘고 있다. 직장을 그만두고 나서야 소중함을 깨닫는 사람들도 많고, 자신이 가진 것을 너무 과대평가한 나머지 주어진 기회를 놓치며 후회하는 경우도 있다.

　한편 직장 생활을 20년 이상 해 온 40~50대 대부분은 인생에서 직장을 중심으로 생각하며 살아온 경우가 많다. 그러다 정년도 되기 전에 어쩔 수 없이 회사를 나와야 하는 경우가 왕왕 발생한다. 그러니 아직 퇴직 전이라면 자신의 인생을 중심에 두고 현재 다니는 직장을 어떻게 활용할지 진지하게 고민해 봐야 한다. 직장을 자신의 전부라 생각해 왔다면, 자신과 동일시해 왔다면 이제는 생각을 달리해야 한다. 특히 직장 내에서는 자신과 비슷한 사람들을 보며 하루를 보내기 때문에 정해진 틀 안에서 생각하기 쉽다. 또 좋아하는 일을 하며 살고 싶다는 건 이룰 수 없는 꿈이라 여기기도 한다.

L은 매일 불안하다. 최근 회사에서 자신의 유효 기한이 길어야 3년이라는 것을 직감했기 때문이다. 마침 회사 사정도 좋지 않아 언제 회사를 나와야 할 지 고민이다. 업무 중에도 퇴사 이후에 무엇을 할까 종종 생각한다. 퇴직금을 받아 식당을 차리고 싶다. 특별한 기술은 없고 먹는 장사가 그나마 만만하니 식당을 한번 해 볼까 하는 생각이다.

가까운 친척이 농사를 짓고 있으니 농산물을 받아 트럭에서 팔아보면 어떨까 하는 생각도 한다. 어쨌든 장사를 하면 밥은 먹고 살지 않을까 하는 생각을 해본다. 식당 운영도 트럭 장사도 쉬운 일이 아니며 아무나 성공할 수 있는 일도 아니다. 철저한 준비 없이 시작해도 괜찮은 일은 세상 어디에도 없다. 퇴직금만 쏟아버리고 후회만 남을지도 모른다.

얼마 전 컨설팅으로 만난 A는 대기업 임원으로 퇴사를 했다. 연애도 결혼도 관심을 두지 않을 만큼 오랜 기간 회사에 충성하며 살았다. 어느 날 갑자기 스카우트된 사람의 괴롭힘으로 어처구니없이 퇴사했다. 회사를 그만둔 후 몇 년 동안 마음이 힘들어서 아무것도 하지 못했다고 한다.

자신을 다시 일으켜 세우기 위해 독서를 선택했다. 책을 읽으며 쓰고 싶어졌고 그렇게 다시 인생을 살아내고자 용기를 냈다. 그동안 몸을 돌보지 못해 아픈 곳이 많았는데 삶의 의욕이 되살아나면서 건강도 회복 중이다.

이렇듯 우리는 현재를 충실히 살아가더라도 미래를 예측할 수는 없다. 그래서 늘 준비가 필요하다. 몸과 마음을 잘 돌봐야 하고 현재의 삶에 만족하더라도 가끔은 최악의 상황에 대한 대비를 해야 한다. 30년 넘게 회사를 다니겠다는 나의 다짐은 육아 앞에서 허무하게 무너졌다. 상황은 언제든 변할 수 있는 것이 인생이라는 것을 뼈저리게 느꼈다. 선택에는 거기에 맞는 책임이 따른다는 것도.

정체성의 혼란은 사춘기 청소년들만의 문제가 아니다. 마흔이 넘어도 오십이 되어도 끝나지 않는 문제다. 정체성에 대한 탐구는 평생 지속되어야 한다. 긴 인생에서 다양한 경험을 하며 나의 존재 가치 또한 다르게 느낄 것이다. 삶의 범위 안에서 타인과 비교하며 우위를 점하는 것이 나의 존재 가치를 증명하는 일은 아니다. 어느 한순간의 내 모습이 전부라고 판단할 필요도 없다. 지금 서 있는 그 자리에서 내 역할을 제대로 해내며 멀리 내다보는 안목이 필요하지 않을까. 직장 생활에 최선을 다하되 직장을 자신과 동일시하지 않기를 바란다. 자신의 정체성을 소유와 소비가 아닌 일의 가치를 통해서 찾아보는 건 어떨까.

자기 객관화

2

▶ 열심히 일하고 있다는 착각에서 벗어나라

남들만큼 해도 그만인 사람에게 좋은 기회는 오지 않는다. 기회는 운의 다른 이름이다. 준비된 상태에서 기회를 얻은 사람들은 하나같이 운이 좋았다고 말한다. 운도 기회도 쉽게 주어지는 것이 아니다. 최선의 노력 그 이상을 해내는 사람에게 선물처럼 오는 것이다.

조직은 어떤 상황에서든 유연성을 가지고 문제를 해결할 수 있는 인재를 원한다. 시키는 일만 하는 사람이 아니라 스스로 일을 찾아서 하는 사람을 좋아한다. 주인의식을 가지고 일을 하는 사람들은 자연스럽게 일의 능률이 오르고 일의 만족도가 높아질 수밖에 없다. 자신의 능력을 갈고닦아 가치를 높여 나가는 사람만이 기업에서 살아남을 수 있고 자신의 인생에서도 승리할 수 있다.

이러한 현실 속에서 우리는 스스로를 객관적으로 바라보아야 한다. 과연 주어진 일에만 만족하고 있지는 않은지, 더 나은 결과를 위해 최선 이상의 노력을 기울이고 있는지, 그리고 내 일에 진정한 주인 의식을 가지고 임하고 있는지를 끊임없이 되돌아보아야 한다. 자기 객관화의 과정을 통해 우리는 더 나은 내일로 한 걸음 더 나아갈 수 있을 것이다.

직장 생활을 할 때부터 지금까지 이어오는 습관 중 하나는 메모하는 습관이다. 메모하는 습관은 일을 더 잘하도록 도와준다. 메모를 하는 사람은 일의 우선순위를 정할 줄 안다. 급하게 처리할 일과 천천히 해도 되는 일을 구분한다. 자신이 직접 해야 하는 일과 다른 사람에게 맡겨도 되는 일이 무엇인지 구분한다. 메모하는 행동은 집중을 필요로 하기 때문에 일을 더 잘할 수밖에 없다. 퇴근하기 전이나 출근해서 그날 해야 하는 일의 우선순위를 메모하는 습관을 들이면 좋겠다. 우리의 기억력은 생각보다 허술하다. 신경 쓸 일이 있을 때는 더 그렇다. 다른 일에 온 신경을 빼앗겨 해야 할 일을 잊어버리거나 놓치는 경우가 많다.

나는 해야 할 일의 우선순위를 정할 때 당장 급한 일을 먼저 처리하지만 순서가 상관없는 경우에는 귀찮고 힘든 일을 먼저 처리한다. 자꾸 뒤로 미루다 보면 더 하기 싫어지고 심적 부담감이 커지기 때문이다. 정답은 없으니 자신에게 잘 맞는 방식을 선택하면 된다. 중요한 것은 메모하는 습관이 일의 능률을 높이는 데 도움이 된다는 것이다.

메모 습관은 스스로를 객관적으로 바라보는 과정에서 찾아낸 나만의 업무 방식이다. 매일 메모를 하며 일의 우선순위를 정하고, 내가 어떤 일에 더 많은 시간을 쓰는지, 어떤 일을 습관적으로 미루는지를 파악할 수 있었다. 이러한 자기 관찰을 통해 나의 업무 패턴을 이해하게 되었고, 그 결과 업무 방식을 보다 효율적으로 발전시킬 수 있었다. 자기 객관화는 이처럼 우리가 스스로를 이해하고 발전시키는 데 중요한 도구가 된다.

10년간 승무원으로 근무하다 회사에 사표를 던지던 날 파트장님은 나에게 이렇게 말했다.

"진짜 열심히 일하는 사람들은 일찍 관두네요."

'진짜 열심히 일하는 사람'은 어떤 사람일까. 내 생각엔 주인

의식을 가지고 책임감 있게 일을 하는 사람을 말하는 것 같다. 승무원은 갑작스러운 지각이나 결근이 회사와 동료에게 큰 피해를 주기 때문에, 나는 스케줄 관리에도 특별한 노력을 기울였다.

회사를 떠나는 날 파트장님에게 이런 말을 들으니 내가 그동안 참 열심히 일했구나 하며 인정을 받았다는 생각이 들었다. 직장을 떠날 때 붙잡고 싶은 사람이 되어야겠다는 마인드로 일을 했으면 좋겠다.

회사를 다닐 때 나름의 목표를 가지고 일을 하는 친구들도 있었지만 대부분은 반복적으로 일을 하며 월급날만 기다리며 사는 듯했다. 그럼에도, 자신의 현재 상황은 파악하지 못한 채 자신이 열심히 일한다고 생각하는 경우가 많았다. 정해진 스케줄을 소화하기만 하면 월급을 받을 자격이 충분하다고 생각했다. 정해진 시간에 출근과 퇴근을 반복한다고 열심히 일했다고 할 수는 없다. 시간 때우기 식으로 회사를 다녀서는 남는 게 아무것도 없다.

분명한 것은 직장에서 성과를 얻는 사람이 이후의 삶에서도 성과를 낼 확률이 높다는 사실이다. 내 안에 있는 열정과 성실함은 사라지지 않기 때문이다. 주어진 일을 제대로 해내지 못하는 사람이 스스로 일을 만들 수는 없다. 타인의 인정을 넘어 자신의 삶을 살아가려는 노력이 필요하다. 같은 일을 하더라도 특정한 영역에서 남다른 능력을 키울 수도 있다. 자신도 몰랐던 잠재력을 발견하기도 한다. 매사에 대충대충 되는대로 하는 사람은 회사를 나와서도 그 태도가 크게 변하지 않는다. 오히려 지시하는 사람이 없으면 의욕마저 생기지 않는 경우도 많다. 시키는 대로만 일을 해 온 사람은 나중에 주도적으로 일을 해야 할 때 자신에게 무엇이 부족한지 깨닫게 된다. 회사에 다닐 때도 자기 주도적인 동기를 가져야 일에서 보람을 느낄 수 있다. 조직이 변하기만을 기다릴 것이 아니라 일을 대하는 나의 태도를 바꾸기 위해 노력해야 한다. 언제 회사를 떠나더라도 일을 대하는 태도만큼은 이후의 삶에 도움이 될 테니까.

직장인뿐만 아니라 학생들도 마찬가지다. 무엇을 위해서 공부를 하는지 목표도 없이, '지금 뭔가를 열심히 하고 있다는 사실 자체'에 뿌듯함을 느낀다.

서울 상위권 대학의 취업박람회에서 자기소개서 컨설팅 전문가로 참여한 적이 있다. 모두가 각자의 목표를 가지고 취업 준비를 하고 있었다. 누군가는 취업을 단순히 졸업 후 이어지는 당연한 수순으로 생각하지만 또 다른 누군가는 열정을 뛰어넘는 간절함으로 철저하게 준비하고 있었다.

한편 '조직에서 필요로 하는 인재'에 대해서는 진지하게 고민하는 학생들이 많지 않아 아쉬웠다. 자신이 왜 그 회사에 들어가고 싶은지, 왜 그 조직에 필요한 인재인지 스스로에게 질문하고 열정을 끌어올려 자기소개서를 써야 그 진심이 전달될 수 있다. 내 안에 없는 것을 글로 표현할 수는 없으니 마인드 세팅이 우선이다. 취업 너머를 바라볼 줄 아는 사람만이 회사에서 원하는 인재가 될 수 있고 자신의 인생 또한 만족스럽게 가꿔나갈 수 있을 것이다.

1인 기업을 꿈꾸는 직장인이라면 자기 객관화를 통해 현재의 수준을 파악하고, 이를 뛰어넘기 위한 역량을 꾸준히 쌓는 데 집중해야 한다. 꾸준히 스스로를 갈고닦아 인생에서 한 번쯤은 자신의 이름을 걸고 하고 싶은 일에 도전할 수 있기를 바란다.

배움 3

▶ 경쟁이 아닌 성장을 위한 공부를 하고 있는가

요즘은 직장에 다니면서 자기계발을 병행하는 사람들이 많다. 다양한 커뮤니티와 모임 일정을 따라가느라 잠을 줄이는 사람도 있다. 그러나 모두가 성과를 얻는 것은 아니다. 직장에 답이 없다는 것을 잘 알기에 나름 준비를 하고 있지만 결국 시간과 돈, 에너지만 쏟는 경우도 많다.

A는 5년 이상 독서 모임에 가입해 열심히 자기계발을 했다. 미친 듯이 책을 읽고 사람들과 소통을 해 왔는데 어느 순간 아무것도 이룬 것이 없는 듯해 허무하다고 한다. A의 경험은 무작정 열심히 하는 것보다는, 자신이 원하는 것에 선택과 집중하는 사람만이 결국 원하는 삶을 살게 된다는 사실을 일깨워

퍼스널 브랜딩의 모든 것

준다.

"나의 철학은 아무것도 나에게 가져다준 게 없지만, 쓸데
없는 일은 하지 않도록 해주었다."

쇼펜하우어의 말이다. 《남에게 보여주려고 인생을 낭비하지
마라》라는 책을 통해 쇼펜하우어의 《소품과 부록》 중 '소품'에
해당하는 내용을 접했다. 쇼펜하우어는 인간의 본질에 대해 이
야기하면서 지적 생활의 중요성을 강조한다. 지적 삶에는 무한
한 단계가 있는데, 이는 지루함을 방지하는 데서 그치지 않고
지루함으로 인해 발생하는 많은 치명적인 결과로부터 인간을
보호한다고 말한다. 쇼펜하우어의 말을 통해 배움 자체의 중요
성을 다시 한번 생각할 수 있었다. 배움의 욕구를 가지고 살아
가는 사람은 쾌락만을 위해 쉽게 빠져드는 것들로부터 자유로
울 수 있다. 술, 마약, 도박 등에 의존하며 살아가는 사람들은
자신이 가진 문제의 해답을 스스로 찾을 수 있다고 생각하지
않는다. 나는 쇼펜하우어의 말을 내 삶에 적용해 이렇게 표현하
고 싶다.

"쉼 없이 책을 쓰는 일은 나에게서 많은 즐거움을 가져갔
지만, 쓸데없는 일에 에너지를 쏟지 않도록 해주었다."

나는 지난 10년간 여행다운 여행을 한 적이 없다. 남들이 생
각하는 수많은 '즐거움'을 포기하며 살았다. 하지만 책을 쓰면서
힘들기만 했던 것은 아니다. 꾸준히 배움을 이어가며 나를 넘
어설 수 있었기 때문이다. 즐거움을 넘어서는 만족을 선물해 주
었다. 그리고 내 삶에 불필요한 것들로부터 나를 지켜주었다.
진정한 배움이 무엇인지를 깨닫게 해준 것만으로도 내가 책을
써서 얻을 수 있는 모든 것을 얻었다고 생각한다. 대단한 부와
명예를 가져다주지 못했더라도 말이다.

과거에 내가 한 선택들이 늘 옳지는 않았다. 시간이 지난 후
내 선택이 정답이 아니었음을 알게 되었을 때, 앞으로 더 나은
선택을 하기 위해 배움을 지속하려는 태도가 얼마나 중요한지
깨달았다. 아무도 완벽한 삶을 살아갈 수는 없다. 단지 후회 없
는 삶을 위해, 배움을 통해 조금 더 현명한 선택을 하며 살아갈
뿐이다.

오랜 독자들은 내 책을 통해 나의 성장을 엿볼 수 있어서 좋

퍼스널 브랜딩의 모든 것

다는 말을 한다. 경력 단절을 겪으며 홀로 창업을 시작하고 그 과정을 글로 쓰면서 앞으로 내게 필요한 공부가 무엇인지 깨닫게 되었다. 책을 쓰며 나를 변화시켰고 내가 쓴 책이 매개체가 되어 나를 둘러싼 인간관계가 변했다. 배움을 넓혀나갈수록 내가 도움을 줄 수 있는 사람들 또한 확장될 수 있었다.

책을 쓰면서 달라진 생각 중 가장 큰 것은 나만 열심히 해서 바뀔 수 있는 것에는 한계가 있다는 사실이었다. 나는 나를 둘러싼 관계를 변화시킴으로써 나의 세상을 넓히고 있다. 우리는 사람을 통한 배움을 놓치지 않고 살아가야 한다.

꾸준히 고전 작품을 읽는 이유는 현시점에 매몰되지 않기 위해서다. 세상은 빠르게 변화하지만 인간의 생각은 과거나 지금이나 마찬가지임을 깨닫게 해주고, 어떤 상황에서도 본질은 변하지 않는다는 것을 고전에서 배운다. 현재 상황을 냉정하게 바라보고 통찰을 얻기 위해서는 삶의 의미를 다룬 고전 작품들을 자주 접하는 것이 필요하다. 인생을 길게 바라보며 지혜롭게 살아가기 위한 힘을 키우는 것이 무엇보다 시급하고 중요하다. 내 삶을 너무 가까이에서 보지 말고 조금은 멀리 떨어진 상태에서 바라볼 필요가 있다.

데이비드 브룩스는 그의 저서 《인간의 품격》에서 "겸손하다는 것은 자신에게 모르는 것이 많고, 자신이 안다고 생각하는 것 가운데 상당수가 왜곡되고 그릇되어 있다는 것을 깨닫는 일"이라고 말한다. 삶이란 더 나은 인간이 되기 위한 투쟁인데 우리에게는 인격을 형성할 전략이 없어서 내적인 삶뿐 아니라 외적인 삶까지도 무너질 우려가 있다고 경고한다.

쏟아지는 수많은 정보 속에서 늘 바쁘게 일상을 보내지만 불안은 오히려 커져간다. 세월이 흐른다고 해서 자연스럽게 내면이 단단해지지도 않는다. 우리는 노력 없이 성장할 수 없다. 주어진 업무에 집중하는 것도 필요하지만 혼자 있을 때 자신에게 필요한 공부를 함께 해나가야 한다.

그렇다면 직장에 다니면서 어떤 공부를 하면 좋을까. 일을 하면서 특히 관심이 가는 업무를 떠올려보자. 회사에서 관련 교육 프로그램을 운영하고 있다면 적극적으로 참여하고, 없다면 비용을 들여서 외부 교육을 들어보자. 관련 자격증이 있다면 취득하는 것도 좋다. 분야 사람들이 소통하는 커뮤니티가 있다면 가입해서 서로 정보를 교환하고 자극을 받는 것도 도움이 된다.

혼자서 할 수 있는 가장 쉬운 방법은 바로 독서다. 업무와 관련된 분야의 책으로 시작해 고전 명저를 함께 읽어 나가면, 독서만으로도 마음이 든든해진다. 실용서만 읽을 것이 아니라 역사, 문학, 심리학, 철학 등의 인문 지식을 쌓도록 노력해야 한다. 당장의 이익만을 좇지 말고 관심 영역을 확장해 나가는 노력이 필요하다. 지금 당장 써먹을 수 있는 지식만 채우다 보면 시간이 흐를수록 한계를 느끼게 된다. 당장 필요한 책과 앞날에 도움이 될 만한 책들을 함께 읽어 나가는 것이 필요하다.

내 분야만 파고들면 시야가 좁아져 문제가 발생했을 때 오히려 해결책을 찾지 못할 때가 많다. 독서를 통해 아직도 내가 모르는 것이 많다는 것을 인식할 때 더 성장하고 싶다는 욕망도 생겨난다. 지적 호기심이 없다면 배움도 지속하기 힘들다. 지금의 능력을 뛰어넘고자 하는 자기 나름의 미션을 수행하기 위해 노력하는 자체가 동기부여가 된다. 타인의 칭찬이나 인정으로부터 힘을 얻는 게 아니라 스스로 만들어낸 힘이 자신을 이끌도록 만든다.

꾸준히 책을 쓰고 강의와 코칭을 하고 있는 나는 누군가가 던져준 미션을 수행하는 것이 아니다. 스스로 동기부여를 하며 내 일을 사랑하는 마음으로 살아갈 뿐이다. 세상이 어떻게 변하든 이 세상 속에서의 내 역할을 생각하며 내가 할 수 있는 것을 찾아간다면 위기의 상황에서도 절망할 이유는 없다고 생각한다.

배운 것들을 블로그에 포스팅을 하면서 정리도 하고 사람들과 공유하면 어느 순간 전문가로 인정받을 수 있다. 퇴사 전에 꼭 이루고 싶은 것에 대해 생각해 보고 직장에 다닐 때부터 역량을 강화하고 미래를 위한 준비를 시작하면 좋겠다.

나는 타인과 경쟁하지 않는다. 오로지 꾸준히 성장하기 위해, 내가 목표로 했던 일들을 성취하기 위해 일한다. 누군가를 이기기 위한 수단으로서의 배움과 내 일에서의 성장을 목표로 배우는 것은 다르다.

누구나 부러워하는 그런 성공이 아닌, 내가 원하는 성공을 명확하게 정의 내렸으면 한다. 타인과의 경쟁에서 이겼다고 승리한 인생일까. 성장을 목표로 나아가는 삶이야말로 우리가 진정 추구해야 할 삶의 자세가 아닐까 한다. 어제의 나와 경쟁하며 내일을 위한 공부를 하는 것이 필요하지 않을까.

퍼스널 브랜딩의 모든 것

존재감 4

▶ 대체될 수 없는 나만의 가치는 무엇인가

L은 한때 물류 창고에서 아르바이트를 한 적이 있다. 여름에는 에어컨 없이, 겨울에는 히터 없이 하루 종일 일을 했다고 한다. 열악한 환경이다 보니 사람들은 시키는 일만 간신히 해냈고 필요한 일을 스스로 찾아서 하는 직원은 없었다. L은 눈에 거슬리지만 아무도 손대지 않는 일을 나서서 했고 아르바이트생으로서 최초로 정직원 제의를 받았다고 한다. 정직원이 된 이후에도 솔선수범으로 일해 회사에서 독보적인 업무를 진행하며 꼭 필요한 존재가 될 수 있었다.

누군가의 존재감은 그 사람이 어떤 위치에 있는가보다, 그 자리에서 어떻게 행동하는가에 달려있다. L의 사례처럼, 아무도 주목하지 않던 문제를 자발적으로 해결하면서 자연스럽게 존재감을 드러낼 수 있다. 존재감은 타인이나 환경에 의해 주어지는 것이 아니라, 스스로의 태도와 행동으로 만들어가는 것이다.

컨설팅으로 새로운 사람들을 만나면 나의 긍정적인 마인드와 열정에 놀라곤 한다. 어떤 순간에도 긍정을 잃지 않는 마인드와 불필요한 스트레스로 스스로를 괴롭히지 않는 태도, 목소리와 눈빛에서 강한 확신과 큰 열정을 느낄 수 있어서 좋다고 말한다. 무언가를 가르칠 때 지식만을 알려 주는 것은 상대방에게 큰 도움이 되지 않는다고 생각한다. 수강생의 숨어있는 잠재력을 끌어올리기 위해 노력해야 진짜 성장으로 이끌 수 있다.

진정한 존재감은 타인에게 긍정적인 영향을 미치는 것에서 시작된다. 지식을 전달하는 사람은 많지만, 열정과 긍정적인 에너지로 상대방의 잠재력까지 끌어올릴 수 있는 사람은 드물다. 이처럼 강렬한 존재감이란 자신의 열정이 타인의 성장으로 이어질 때 가장 빛을 발한다.

사람들은 나를 '동기부여의 여왕'이라 부른다. 나는 자기 동기부여를 잘하는 사람이다. 다른 사람의 도움 없이도 스스로 에너지를 만들어낼 수 있다. 이 자체가 다른 사람과 대체할 수 없는 나의 핵심 가치다. 예전에는 상상도 할 수 없을 만큼 내 모습이 바뀐 건 스스로에 대한 공부를 지속했기 때문에 가능한 일이었다. 다른 사람에게 쏟았던 관심과 에너지를 나에게 돌려 나를 제대로 알고 나니 자신감이 생겼다. 나의 가능성을 스스로 믿어주기 시작하면서 내 삶은 빛이 나기 시작했다.

대부분의 사람들은 '잘하는 것'보다 '잘하지 못하는 것'에 대해 더 잘 알고 있다. 늘 부족한 것에 초점을 맞추기 때문이다. 직장에서의 독립을 위해 평소에 자신이 어떤 사람인지 분석하기를 권한다. 사람을 대하는 방식, 일을 하는 방식, 배움을 얻는 방식 등에서 자신은 어떤 스타일인지 체크해 보자. 어떤 사람과 어떤 방식으로 일을 할 때 성과를 잘 내는지, 새로운 배움을 얻을 때 어떤 방식이 나에게 효율적인지 말이다. 자신에 대해 하나하나 알아가면서 어떤 강점이 있는지 알 수 있을 것이다.

F는 요즘 우울증으로 힘든 일상을 보내고 있다. 예고도 없이 찾아와 자신을 괴롭히는 우울증으로 삶의 의욕이 사라질까 걱정하고 있었다. 그는 판매 사업과 교육 분야의 일을 병행하다가 교육 쪽 일을 포기하면서 우울증이 찾아왔다. 그와 이야기를 나누어 보니, 그가 현재 우울한 이유는 판매 사업을 통해 단

순히 돈을 버는 것이 그리 행복하지 않다고 느끼기 때문이었다. 그의 삶에서 중요한 것은 바로 '일'과 일이 주는 '가치'였다. 교육 분야의 업무를 통해 일이 주는 보람과 행복, 그리고 자신의 존재 가치를 느끼던 그가, 현재는 그러지 못하고 있기 때문이다. 지금은 판매와 책 쓰기를 병행하면서 지난 삶을 돌아보며 삶에서 배우고 깨달은 것들을 책에 담아 더 많은 사람들에게 도움을 주고자 노력하고 있다.

직장 안에서 내가 어떤 일에 보람을 느끼며 어느 분야에서 존재감이 발휘되는지 찾기 위해 노력하길 바란다. 다른 사람과 차별화되는 무언가가 있는지 생각해 보라. 어떤 업무를 떠올렸을 때 사람들이 나를 떠올릴 수 있는 것이 있는지 말이다. 예를 들어 '프레젠테이션'하면 내가 떠오른다거나 '보고서' 하면 사람들이 나를 가장 먼저 떠올릴 수 있는지 말이다. 회사를 위해 일을 하는 것이 아니라 자신을 위해 일을 하며 진짜 나다움을 찾기 위해 노력하는 시간은 결국 사회에 홀로 섰을 때 빛이 날 것이다.

나는 승무원 시절 '이미지 메이킹'만큼은 남들과 차별화할 수 있었다. 승무원에 맞는 이미지를 일관성 있게 유지했던 노력으로 빠르게 진급할 수 있었다. 유니폼 하나에도 정성을 기울였다. 비행 때마다 세탁 후 잘 다려진 유니폼을 입고 머리카락은

한 올도 빠져나오지 않도록 신경 썼다. 모두가 같은 유니폼을 입고 있지만 이런 부분에 신경을 쓰지 않는 동료들이 많았다. 구겨진 옷을 다음 날 다시 입거나 유니폼이 더러워져도 개의치 않는 사람들도 있었다. 수천 명의 승무원 중 한 명이었지만, 세심한 관리를 통해 나만의 독보적인 존재감을 만들어낼 수 있었다.

기내에서는 내가 곧 회사의 얼굴이라 생각했다. 해외에서 체류할 때도 이미지 관리는 필수라는 생각으로 신경을 많이 썼다. 그런 마음은 지금의 내 모습에 많은 영향을 주었다. 나는 이미지 컨설턴트로도 활동하며 사람들의 이미지를 최상으로 끌어올리기 위해 강의하고 컨설팅을 하고 있다. 이미지의 중요성을 직장 생활을 할 때부터 알고 있었기 때문에 교육으로 당당하게 이야기할 수 있다.

직장에서 자신의 존재감을 만들기 위해 노력해 보길 바란다. 대단한 무언가가 아니어도 괜찮다. 남들보다 조금 더 잘할 수 있는 일에서 시작해, 대체 불가능한 나만의 가치를 만들어갈 수 있다. 내가 가진 강점으로 타인에게 긍정적인 영향을 줄 수 있다면 그것만으로도 충분하다. 이러한 노력이 쌓여 만들어진 독보적인 존재감은, 앞으로 1인 기업가로서의 삶을 살아가는 데 든든한 기반이 될 것이다.

경쟁력 5

▶ 철저한 자기 관리와 올바른 태도가 경쟁력이다

얼마 전 방송 〈나 혼자 산다〉를 통해 바이올리니스트 대니 구를 알게 되었다. 15년째 혼자 살고 있는 그의 루틴한 삶은 내게 많은 자극을 주었다. 매일 아침 헬스장에서 운동을 하고 정해진 시간에 바이올린 연습을 하며 빈틈없이 하루를 보내는 그는, "회사원들은 아침 9시부터 저녁 6시까지 일을 하는데 연주자도 그래야 하는 거 아니냐"고 했다.

오랜 시간 땀을 흘리며 연주하는 그의 모습이 정말 아름다웠다. 직장인이든 아니든 상관없이 철저한 자기 관리는 정말 필요하다. 배움을 놓지 않고 최적의 컨디션을 유지하기 위해 노력해야 한다. 불필요한 일에 신경을 쓰며 에너지와 시간을 허비하지 않아야 한다.

승무원 시절, 철저한 나만의 루틴이 있었다. 출퇴근 시간이 일정하지 않았지만 장거리 비행을 가기 전에는 반드시 충분한 수면을 취했다. 출근 시간이 새벽이든 밤이든 상관없이 출근 시간을 기준으로 수면 시간을 확보해 컨디션 조절을 했다. 늘 최상의 컨디션으로 일을 하기 위해서다. 나는 체력이 좋지 않은 편이었기 때문에 직장 생활 내내 업무를 소화해 낼 만한 체력을 유지하는 것에 온 신경을 기울였다. 식습관, 수면 시간, 운동 등 일을 제대로 할 수 있도록 최선을 다했다.

또한 집을 며칠씩 비울 때는 깨끗하게 청소를 해두고 출근했다. 그래야 집에 다시 돌아왔을 때 편안하게 쉴 수 있다. 밤을 새우고 집에 돌아와도 꼭 캐리어에 있는 짐들을 풀어놓고 깨끗하게 씻고 나서야 잠에 들었다. 체력 관리를 위해 요가, 재즈댄스, 수영 등 다양한 운동에 도전하기도 했다.

지금은 오랜 시간 앉아서 집필을 하기 때문에 운동을 꾸준히 하고 있다. 코칭을 할 때는 두세 시간가량 말해야 해서 코칭 전에는 누군가를 만나거나 다른 일을 하지 않고 평소에도 목 관리에 특히 신경 쓴다.

직장에서 특별한 능력이 없다면 언제라도 대체 가능한 존재로 여겨질 수 있다. 그렇기에 조직에서 강력하게 나를 차별화할 수 있는 경쟁력은 바로 '철저한 자기 관리'와 '올바른 태도'라고 생각한다. 각 분야에서 롱런하는 사람들의 공통점은 바로 철저한 자기 관리일 것이다. 반면, 부와 명예를 얻었지만 자기 관리를 제대로 하지 못해 나락으로 떨어진 사람들의 사례는 너무 많다.

올바른 태도는 상대방을 배려하는 마음에서 비롯된다. 매너는 훈련으로 습득할 수 있지만 태도는 쉽게 변하지 않으며 그 자체만으로 사람의 됨됨이를 보여준다. 직장 생활을 넘어 인생 전반에서 가장 중요한 것이 바로 태도가 아닐까 싶다.

크고 작은 조직에서, 그리고 1인 기업가로 일을 하며 확실히 깨달은 것은 올바른 태도를 가진 사람이 귀하다는 것이었다. 능력은 뛰어나지만 태도가 별로인 사람이 많다. 능력이 조금 부족해도 태도가 올바른 사람에게는 많은 기회가 찾아오며 빠르게 능력을 키워내는 경우가 많다. 능력도 뛰어나고 태도 또한 올바른 사람은 어디서 무얼 하든 눈에 띌 수밖에 없다.

수단과 방법을 가리지 않고 원하는 것을 얻으려고만 하는 사람들은 하나둘 무너진다. 이 세상은 똑똑한 머리만 가졌다고

퍼스널 브랜딩의 모든 것

해서 무한한 성공을 거머쥘 수 있는 구조가 아니다. 우리는 혼자서 살아갈 수 없기 때문에 자신의 성공이 혼자만의 업적이라 말할 수 없다. 옳지 않은 방법으로 얻은 성공과 부는 결국 무너지거나 자신의 존재 가치를 하락시킨다.

가끔 큰돈을 끌어모은 후 좋지 않은 평판으로 많은 사람들의 공격을 당하는 사람을 볼 때가 있다. 사람들은 그 사람을 보며 나쁜 짓을 하고도 절대 망하지 않을 거라고 말하며 허탈해한다. 사람은 돈만으로 살아갈 수 없다. 돈은 풍족한 삶을 위한 수단일 뿐, 결코 목적이 될 수 없다.

태도는 마음만 먹으면 변화시킬 수 있다. 일을 대하는 태도는 자신의 가치를 어디에 두느냐에 따라 달라진다. 빠른 승진이나 경쟁에서 이기는 것에 초점을 맞추는 태도는 삶을 지치게 할 수 있다. 반면, 승진보다 자신의 성장에 초점을 맞추는 사람은 타인의 평가에 따라 자신을 판단하지 않는다. 자신이 무엇을 이루고 싶은지, 어떤 분야의 전문가가 되고 싶은지를 목표로 일을 하는 사람은 직장에서 원하는 것을 얻으면서도 직장이 전부라는 생각에 매몰되지 않는다.

철저한 자기 관리를 통해 올바른 태도와 매너를 갖추지 못한다면, 결국 사람들에게 외면당하게 된다. 말을 할 때도 상대방의 입장에서 자신의 이야기를 조절할 줄 알아야 하며, 자신의 방식만 고집하는 사람은 배려 없는 사람으로 기억될 뿐이다. 진정 빛나는 사람은 혼자 잘난 사람이 아니라, 다른 이들의 삶에 긍정적인 변화를 줄 수 있는 사람임을 기억하자. 결국, 사람을 대하는 태도가 모든 것을 결정하며, 실력은 그 위에 기본으로 갖춰야 할 요소다.

철저한 자기 관리와 올바른 태도는 평판에도 직접적인 영향을 미친다. 이직을 하거나 관련 업종에서 독립할 경우, 평판은 계속해서 나를 따라다니기 때문에 반드시 신경 써야 하는 부분이다. 1인 기업가의 세계에서도 평판은 중요하다. 일을 대하는 태도와 마인드는 일을 하는 동안 계속 따라다닌다. 동종 업계에서 일하는 사람의 평판을 듣고 싶지 않아도 듣게 되는 경우가 많다. 그럴 때마다 나 자신을 돌아보게 된다. 성공하기까지 오랜 시간이 걸리지만, 평판으로 인해 무너지는 것은 한순간이라는 점을 잊지 말아야 한다.

1인 기업을 목표로 하는 직장인이라면 지금부터라도 철저한 자기 관리를 시작하기를 바란다. 직장에서의 습관은 직장을 떠난 후에도 이어지며 직장에서의 관계 또한 퇴사 이후에 새로운 관계로 이어질 수 있다. 그러니 차별화된 경쟁력을 갖추기 위해 품위를 유지하라. 그리고 올바른 태도를 보이도록 매 순간 노력하라.

꾸준히 역량을 강화하며 올바른 태도로 일하는 사람은 귀한 존재가 된다. 기회를 얻는 사람은 타고난 재능이 있거나 머리가 좋은 사람이 아니다. 올바른 태도로 자신의 일을 끈기 있게 해나가는 사람이다. 밀도 높게 일을 하고 밀도 높은 일상을 보내면서도 자신을 돌아볼 줄 아는 사람만이 롱런할 수 있다.

주도권 6

▶ 직장을 넘어 인생에서 성공하기로 결심하라

내가 직장에서 목숨 걸고 일했던 이유는 반드시 성공하겠다는 절실함 때문이었다. 지금 회사에 다니는 대부분의 사람들 역시 같은 마음일 거라고 생각한다. 그러나 '퇴사하면 그만'이라는 생각으로 일하는 사람은 성과를 내기 어렵다.

나는 이 절실함을 직장에 국한시키지 말고 인생 전체 범위로 넓혀 보기를 권하고 싶다. 어쩌면 직장이라는 한정된 공간에서의 성취는 일시적일 수 있기 때문이다. 직장에서 실력 발휘를 하고 있더라도 지금의 실력이 조직을 벗어났을 때도 유효한 것인지를 잘 생각해야 한다.

이는 자기 삶에 대한 주도권을 누가 쥐고 있느냐의 문제이기도 하다. 조직이라는 틀 안에서만 능력을 발휘하는 것은 진정한 의미의 성장이라고 하기 어렵다. 자신의 실력과 가치를 스스로 규정하고, 내가 원하는 방향으로 나아갈 수 있는 주도권을 확보해야 한다.

나에게 책 쓰기 코칭을 받고 있는 K 씨는 공기업에서 인정받으며 일하고 있다. 하지만 주도적이지 않은 직장 생활에서 벗어나고자 퇴사 날짜를 정하고 새로운 준비를 하고 있다. 그는 매일 아침 다이어리에 '긍정 확언'을 쓰며 하루를 시작한다. 주중에는 꾸준히 독서를 하고 블로그를 쓰며 주말에는 나에게 코칭을 받고 있다. 명확한 목표가 있기에 퇴근 후 자기계발을 하는 시간이 즐겁다고 한다.

K 씨의 이러한 루틴은 단순한 퇴사 준비가 아니다. 자신의 삶에 대한 주도권을 찾아가는 과정이라고 할 수 있다. 공기업이 제공하는 안정적이지만 수동적인 삶에서 벗어나 스스로 원하는 방향을 설정하고, 그것을 이루기 위해 체계적으로 준비하는 모습은 진정한 의미의 주도적인 삶이 무엇인지를 보여준다. 이처럼 삶의 주도권은 현재의 안락함에서 벗어나 새로운 도전을 선택할 때 비로소 시작되는 것이다.

수강생 C는 현재 요양전문병원에서 수간호사로 근무하고 있다. 학창 시절 공부를 꽤 잘했지만 어려운 가정 형편으로 산업체 고등학교로 진학할 수밖에 없었다. 어릴 때부터 간호사가 꿈이었기에 어떤 상황에서도 꿈을 포기하지 않고 학업을 이어갔다. 그녀는 40대에 그토록 원했던 간호사가 되었고, 병원에서 성실함을 인정받아 남들보다 빠르게 수간호사가 되었다. 간호사가 된 이후에도 배움에 대한 열망은 멈추지 않았고, 꾸준히 공부하며 전문성을 키웠다. 그 결과 대학 등 다양한 곳에서 강의할 기회도 얻게 되었다. 요즘은 퇴근 후 오카리나를 배우며 삶의 즐거움을 만들어가고 있다. 그녀는 직장에서 최선을 다하면서도 이후의 삶을 준비하는 노력이 오히려 직장 생활에 큰 힘이 되고 있다고 말한다.

그녀가 어릴 때부터 직장 생활을 하며 깨달은 한 가지는 무조건 직장에 목맬 것이 아니라 삶을 변화시키고자 하는 열망으로 자신을 변화시켜야 한다는 것이었다. 현재 수간호사로 사는 삶에 만족하면서도 더 넓은 세상으로 나아가기 위해 다양한 노력을 이어가고 있다. 인생과 직장에서 얻은 지혜를 통해 사람들에게 위로와 용기를 주고자 책을 쓰기도 했다. 간호사로서의 삶을 넘어 작가, 강연가로 사는 삶을 살아가고 싶어 한다. 직장이

퍼스널 브랜딩의 모든 것

라는 틀에서 벗어나 인생에서 주도권을 갖기 위해 쉼 없는 노력을 하고 있는 중이다.

이처럼 직장에 다닐 때 미래를 준비하는 사람들이 점점 늘고 있다. 직장은 우리의 인생을 책임져 주지 않는다는 것을 알기 때문이다. 직장이라는 틀에서 벗어나 세상을 바라보면 직장에 다니면서도 충분히 미래를 준비할 수 있다는 것을 깨닫게 된다. 시야를 넓힘으로써 오히려 직장 생활이 즐거워지고 마음의 여유가 생기며 더 나은 삶을 만들어갈 수 있다.

"항공학적으로 꿀벌은 날 수 없다. 그러나 꿀벌은 그 사실을 모르기 때문에 계속 날아다닌다."

45세의 나이에 5,000달러의 자금으로 창업한 화장품 가게를 글로벌 브랜드로 키운 메리케이 코스메틱의 창업주, 메리 케이 애쉬의 말이다. 자신의 한계가 어디인지는 아무도 알 수 없다. 긍정적인 마음과 큰 비전을 품고 한 걸음씩 앞으로 나아가기만 하면 된다.

나 역시 직장을 떠난 후에야 비로소 깨달았다. 나를 가두고 있었던 것은 직장이 아니라 바로 나 자신이었다는 사실을. 새로운 도전 앞에서 스스로 허락한다면 인생은 늘 기회의 문을 열어준다는 것을 알게 되었다. 한계 없는 성장을 꿈꾸며 어제보다 나은 오늘을 살아가고 있다.

직장을 그만둔 후에 비로소 자신의 일을 찾는다고 해도 늦지 않다. 우리에겐 지나온 삶보다 앞으로 살아갈 날이 더 중요하다. 과거의 모습을 통해 지금의 나를 제대로 바라보고 새로운 오늘을 살아갔으면 한다. 설령 내가 원해서 다니는 직장이 아니더라도, 그 속에서 주도권을 가지고 스스로 선택할 수 있는 일들을 하나씩 만들어가기를 바란다. 그렇게 한다면 직장이 내 발목을 잡는 곳이 아니라 1인 기업가로 살아가기 위해 반드시 거쳐야 하는 소중한 곳으로 여겨질 것이다. 우리가 마주하는 세계는 스스로 넓혀 갈 수 있다. 직장을 넘어 인생에서 성공하기로 결심하라. 그리고 흔들림 없이 한 걸음씩 나아가길 바란다.

철학자이자 정신분석학자인 에리히 프롬은 "인생에서 가장 중요한 것은 행복이 아니라 살아 있는 것이다."라고 말한다. 스스로 생각하고 느끼는 힘이 없다면 진정 살아있다고 할 수 없다. 삶의 주도권을 남에게 넘기고 타인에게 보여주기 위한 삶을 살아간다면 결국 허무함만 남을 뿐이다. 반대로 자신의 삶을 고민하고 변화하려 애쓰는 과정은 이미 성장하고 있다는 것을

퍼스널 브랜딩의 모든 것

의미한다. 스스로 활력을 찾기 위해 노력하는 것 자체가 삶을 사랑한다는 증거가 아닐까. 이는 타인에게 흔들리거나 무너지는 삶을 거부하겠다는 작은 의지이자, 진정 살아 있는 삶을 향한 힘찬 발걸음이다.

자기 확신

▶ 세월이 지나도 흔들리지 않을 자기 세계를 가져라

당신은 '시간이 지나도 흔들리지 않는 자기만의 세계'를 가지고 있는가? 시간이 흐르면서 옳고 그름이 바뀌는 불안정한 가치관이 아닌, 중심을 잃지 않는 단단한 세계관 말이다. 이 문제에 대해 깊이 생각하기 전에, 먼저 자신에게 물어보자. '나는 어떤 삶을 살아갈 것인가?' 이 질문에 대해 흔들리지 않는 답을 찾을 수 있을 때, 우리는 비로소 진정한 자기만의 세계를 구축할 수 있다.

자신의 유명세를 앞세워 말을 이리저리 바꾸는 사람들이 많다. 부자가 되려면 자신처럼 하라고 말하는 사람들, 법의 테두리에서 벗어나지 않는다면 무슨 짓을 해도 상관없다고 말하는 사람들이 넘쳐난다. 양심 없는 행동에 대한 진정성 있는 반성 없이 또다시 대중 앞에 나서는 사람들을 어떻게 바라봐야 할까. 그런 사람을 걸러내지 않고 시청률이나 조회수만 생각하는 사람들은 또 어떠한가. 가끔은 이런 사람들 속에서 내가 이상한 건가 하는 생각이 들 때도 있다.

간혹 법을 어기더라도 영혼 없는 사과 영상 하나로 면죄부를 얻기라도 한 듯 활동을 재개하는 사람도 있다. 그들은 과연 자기 세계를 어떻게 정의한 것일까. '타인에게 상처를 주더라도 꿋꿋하게 성공만을 향해 나아가리라.' 하는 굳은 의지일까. 그들을 추종하는 수많은 세력들도 나는 이해가 되지 않는다. 아마 앞으로도 계속 의문을 품게 될 것 같다.

나는 첫 책 출간 이후, 그전까지 인생의 중심에 두었던 가치들이 송두리째 변화하였다. 그리고 어떤 삶이 성공적인 삶인지에 관한 생각도 변했다. 한때 물질적인 큰 성공만이 최고의 삶이라 여겼던 때도 있었다. 하지만 이제는 물질적인 성공, 타인과의 경쟁이 아닌, 나다운 모습으로 성취하며 타인의 성장을 돕고 싶다.

내게 주어진 삶에서 자신을 잃지 않고 내가 원하는 가치, 옳다고 믿는 가치를 따르며 후회 없는 삶을 살아가고 싶다. 아무리 큰돈을 번다고 해도 그릇된 가치를 따르며 살고 싶지는 않다. 지금 이 순간에도 나는 책을 쓰며 진짜 성장을 해나가고 있다.

관심 분야에서 차별점을 가지고 자신만의 관점과 방식으로 사람들에게 도움을 줄 수 있다면 그것으로 인해 다양한 기회와 연결될 수 있다. 세월이 흘러도 흔들리지 않는 자기 세계를 만드는 것은 결국 실천적인 행동에서 시작된다. 직장인이 가장 쉽게 접근할 수 있는 방법 중 하나는 온라인 글쓰기이다. 블로그와 같은 자신의 공간에서 꾸준히 글을 쓰면서 자신만의 세계를 넓혀 나갈 수 있다. 내 주위에 그런 사람들의 이야기는 넘쳐난다. 그러니 생계를 위해 직장 생활을 하면서도 내가 알고 있는 세상이 전부라 여기지 않았으면 좋겠고 시야를 넓혀 나가기 위한 노력을 시작하길 바란다.

Y는 현재 직장 생활을 하면서 블로그에 독서 리뷰를 올리고 있다. 다양한 분야의 책을 읽으며 자신만의 관점을 만들어 가고 있다. 단순히 책의 내용을 요약하기보다는 자신의 경험과 연결해 이야기를 풀어간다. 그의 글을 읽다 보면 자연스럽게 몰입이 되고 소개한 책에 관심이 간다. 무엇보다 매력적인 점은 소

개한 책뿐 아니라 글을 쓴 Y가 어떤 사람인지 더 알고 싶다는 생각이 든다는 것이다. 책을 읽고 리뷰를 쓰는 사람은 많지만, 자신만의 관점으로 글을 쓰는 사람은 드물다. 아마도 그는 단순히 책을 읽는 시간을 넘어 자신의 삶을 깊이 들여다보는 시간을 가져왔기 때문일 것이다.

M은 얼마 전 원치 않는 퇴사를 했다. 누구보다 열심히 일을 했지만 회사 사정으로 그만둘 수밖에 없었다. 매일 블로그에 글을 쓰며 생각을 정리하고 앞으로 어떤 삶을 살아가야 할지 기준을 세울 수 있었다고 한다. 또한, 온라인 커뮤니티를 운영하면서 이웃들과 함께 성장을 목표로 하는 미션을 수행하고 생각을 나눈다.

최근 그는 재취업에 성공했지만 직장 생활에 만족하지 않고 새로운 도전을 이어가고 있다. 갑작스러운 퇴사의 경험으로 평생직장이 없음을 뼈저리게 느끼기도 했고 글을 쓸 때 가장 자유로울 수 있음을 깨달았기 때문이다. 블로그 체험단 활동을 하면서 쏠쏠한 재미도 느끼고 부업도 시작했다. 블로그에서 다양한 SNS로 활동 영역을 넓히며 어떤 플랫폼에서도 살아남을 수 있는 스킬을 쌓을 수 있었다고 한다. 몇 달 동안 그를 지켜보면서 처음보다 더욱 성장하고 단단해졌음을 느낀다. 블로그 하나를 운영하더라도 누군가를 따라 하는 것이 아니라 자신의 방식으로 글을 쓰는 사람은 자연스럽게 팬을 만들어 가고 있었다.

나 역시 꾸준히 글을 쓰면서 내 생각이 점점 명확해졌다. 창업 초기에는 큰 열정을 가지고 일을 하더라도 뜻대로 되지 않을 때 나도 모르게 흔들릴 때가 많았다. 글을 써 온 시간들은 나를 더욱 성숙한 인간으로 만들어 주었고 나에게 맞는 삶의 방식을 스스로 찾아갈 수 있게 해주었다. 어떤 순간에도 나다운 모습으로 살아가기 위해 꾸준히 글을 쓰고 있다.

독자들은 내게 책을 써 주어 고맙다는 후기를 보내온다. 책 속에 나의 확신을 담지 못했다면 이런 피드백을 받지 못했을 것이다. 그동안 묵묵히 노력하며 애썼던 시간이 헛되지 않았음을 확인하는 일상에 감사하다. 그동안 내가 노력해 온 방식이 느리긴 하지만 틀리지 않았음을 깨닫는다.

자신의 콘텐츠를 만드는 끈기 있는 노력 없이 무조건 팔로워 수만 늘리면 된다고 말하는 사람들에게 나는 할 말이 참 많다. 팔로워 수가 많으면 무엇이든 가능하다고 생각하는 말에도 동의할 수 없다. 능력은 팔로워 수와 비례하는 것이 아니다. 본질을 잊은 채 숫자 늘리기에만 급급하다면 자신의 이름으로 브랜딩하고 지속 가능한 성장과 성과를 이루어내기는 힘들 것이다.

퍼스널 브랜딩은 진정한 나를 찾아가는 과정이다. 자신의 정체성을 찾고 나만이 가진 고유한 가치를 세상과 공유하는 과정이다. 여러분 모두가 혼자만 잘 먹고 잘사는 삶이 아닌, 함께 잘사는 삶을 지향하며 조금씩 앞으로 나아가는 멋진 삶을 살아가기로 마음먹기를 바란다. 알맹이 없는 가짜 성공이 판치는 세상 속에서 흔들리지 않는 가치를 품고 세상을 향해 거침없이 나아갈 수 있다면 좋겠다. 자기만의 세계를 가지고 꾸준히 성장하는 사람만이 퍼스널 브랜딩에 성공할 수 있다.

STEP 2

**나의 본질을
찾기 위한
고민과 훈련**

질문

▶ 모든 변화를 이끌어내는 시작

    이 책을 읽고 있는 독자라면 퍼스널 브랜딩에 관심을 가지고 이 책을 펼쳤을 것이다. 당신이 퍼스널 브랜딩을 하려는 이유는 무엇인가? 이름 석 자를 널리 알려서 부자가 되기 위해서인가, 아니면 자신과 자신을 둘러싼 환경을 긍정적으로 변화시키기 위한 목표 때문인가. 후자라면 이 책이 도움이 될 것이다. 나는 이 책으로 빠르게 인플루언서가 되어 큰돈을 버는 방법을 알려 줄 수는 없다. 하지만 '나다움'으로 브랜딩하는 과정과 타인의 성장을 돕는 삶을 살아가는 방법은 알려 줄 수 있다.

    아우슈비츠 생존 기록《죽음의 수용소에서》의 저자이자 의사, 철학자인 빅터 프랭클은《삶의 물음에 '예'라고 대답하라》에서 "산다는 것은 바로 질문을 받는 것"이라고 말한다. 내가 아직도 삶에 무엇을 더 기대해야 하는지 의문을 품는 대신 "삶이 나에게 무엇을 기대하고 있는가?", "삶 속의 어떤 의무가, 어떤 과제가 나를 기다리고 있는가?"를 물어야 한다고 강조한다.

때로는 상대가 던지는 질문을 통해 그 사람의 성향을 판단할 수 있다. 본질을 중요시하는 사람인지, 그렇지 않은 사람인지, 그리고 상대방이 생각하는 본질은 무엇인지까지 파악할 수 있다.

나는 수강생에게, 수강생은 나에게 끊임없이 질문을 한다. 질문을 통해 서로를 이해할 수 있고, 자신이 가진 문제의 해답을 얻기 위한 작은 힌트를 얻기도 한다. 일방적인 지식 전달이 아닌 질문을 주고받음으로써 자신의 삶에 관한 질문에 스스로 해답을 찾도록 돕는다.

자신에게든 타인에게든 질문을 잘하는 것은 능력이다. 어떤 질문을 던지느냐에 따라 얻는 결과가 다르기 때문이다. 날카로운 질문은 상대방을 감탄하게 만들기도 한다.

1인 기업가가 되어 다양한 활동을 하다 보면 질문을 던져야 할 때가 있고 질문에 답해야 할 때가 있다. 간혹 자신이 무엇을 알고 싶은지 명확하지 않은 상태로 질문을 던지는 사람들이 있다. 반대로 생각이 명확한 사람은 이미 많은 답을 알고 있는 경우가 많다. 자신이 가진 '질문력'에 따라 답변의 질이 결정된다. 자신에게든 타인에게든 좋은 질문을 던져야 한다.

'나는 누구인가', '나에게 일은 어떤 의미인가', '나는 무엇을 할 때 즐거운 사람인가', '진정 살아있음을 느끼는 순간은 언제인가', '절망적인 순간은 언제인가', '어떤 사람과 함께할 때 행복한가', '내가 원하는 것은 무엇인가', '지금 무엇을 해야 하는가' 등 자신을 정확히 파악할 수 있는 질문을 스스로에게 던져보자. 현재의 삶에서 내가 진정으로 원하는 것이 무엇인지 스스로에게 물어보는 시간을 가져보자. 자신의 진짜 욕망은 무엇인지 말이다. 그리고 어떤 노력을 해야 할지를 타인이 아닌 자신에게 묻는 시간은 반드시 필요하다.

지난 시간에서 후회되는 것은 무엇인가? 또 자신의 삶에서 변화를 시도했던 적은 언제였나? 새롭게 태어나기 위해서는 지난 시간이 내게 무엇을 말하고 있는지 깨달아야 한다. 왜 같은 실수를 반복하고 있는지를 파악하지 못한다면 변화는 어렵다. 마음에 썩 들지 않은 과거의 경험이지만 지금의 나를 만들어주었다는 사실에 만족할 수도 있다.

얼마 전 《삶이 글이 되는 순간》을 읽은 독자에게서 메일이 왔

퍼스널 브랜딩의 모든 것

다. 절망의 끝에서 우연히 이 책을 만나 다시 살아갈 용기를 얻었다고 전했다. 그는 20년 이상 교육업에 종사해 왔는데, 어느 날 뜻하지 않은 신체적 장애를 얻어 모든 일을 포기한 사람이었다.

한 권의 책이 매개체가 되어 그에게 수많은 질문을 던졌을 것이다. 자신이 진정 원하는 삶은 어떤 것인지, 앞으로의 삶을 위해 어떤 노력을 해야 하는지를. 그는 용기를 내어 공기업에 도전했고 몇 달 뒤 취업에 성공했다는 소식을 전해왔다. 앞으로 꾸준히 책을 읽고 글을 쓰며 누군가에게 도움이 되는 삶을 살고 싶다고 한다. 언젠가는 자신의 이야기로 책을 써서 누군가의 삶에 희망을 주고 싶다는 말을 덧붙였다.

책을 읽을 때도, 흥미로운 영화나 드라마를 볼 때도 내 마음의 움직임에 집중하며 자신에게 질문을 해보자. 웃음이 나는 순간, 눈물이 흐르는 순간, 가슴 벅찬 순간 등 내게 전해지는 수많은 감정들은 어디에서 왔는지 말이다. 내가 원하는 삶의 모습과 연결 지어 생각해 보고 질문을 한다면 '나'라는 사람을 제대로 아는 데 도움이 된다.

현재 나의 모습은, 원해서 한 선택과 어쩔 수 없었던 것들이 함께 만들어낸 결과다. 전부는 아니더라도 어느 정도는 자신의 인생에 책임이 있는 것이다. 같은 상황에서도 누군가는 다른 반응을 하며 살아간다. 어떤 반응을 선택할 것인가는 스스로 결정할 수 있다. 최악의 상황에서도 미약하나마 선택권을 가진다. 살던 대로 사는 것도, 변화를 꾀하는 것도 모두 스스로 선택할 수 있고 우리의 행동에는 언제나 책임이 따른다.

나의 본질을 찾기 위해 끊임없이 질문해야 한다. 지금의 삶이 가진 의미는 무엇인지, 어떤 삶을 살아야 할지 스스로에게 계속해서 물어야 한다. 그 질문에 답하기 위해 고민하고 또 고민해야 할 책임이 우리 모두에게 있다. 나이가 들수록 조금은 더 지혜로워지는 이유는 죽음을 자주 생각하기 때문이다. 죽음을 떠올리며 자신에게 질문을 던지기 때문이다. 명확한 답을 찾지 못해도 하나의 깨달음을 얻을 수 있다고 믿는다. 과연 죽음 앞에 두려울 일이 있을까. 마지막으로 스스로에게 질문해 보자.

"나는 어떤 사람으로 기억되기를 바라는가?"

제어 2

▶ 나를 둘러싼 환경을 창조하고 컨트롤하라

우리를 둘러싼 환경은 생각보다 강력한 힘을 가지고 있다. 시시때때로 우리의 목표를 흔들고 의지를 꺾는다. 그렇기 때문에 우리는 주어진 환경이 삶에 어떤 영향을 미치는지 정확하게 이해할 필요가 있다. 환경에 대한 이해가 선행된 후 제어가 가능하다.

하루에도 수십 번 스마트폰을 들여다보고, 수시로 SNS 알림을 확인하는 우리의 모습은 이제 너무나 자연스러워졌다. 끊임없이 도파민을 자극하는 디지털 환경은 우리의 주의력을 흩트리고, 때로는 중독적인 행동 패턴을 만들어 낸다. 우리를 둘러싼 환경이 이처럼 강력한 영향력을 행사하고 있음에도, 그 사실을 잘 인식하지 못한다. 과학자들이 경고하듯, 이러한 디지털 환경이 우리 뇌에 미치는 영향은 생각보다 강력하고 깊다.

과학자들은 중독 가능성을 측정하는 보편적인 척도로서 도파민을 활용한다. 뇌의 보상 경로에 도파민이 많을수록 경험의 중독성은 커진다는 것이다.

우리는 끝없는 쾌락을 좇아가다 어느 순간 고통의 순간을 직면하게 된다. 결과를 알 수 없는 꿈을 위해 쾌락을 포기한다는 것은 쉬운 일이 아니다. 그래서 대부분의 사람들은 삶을 바꾸지 못한다. 현재가 충분히 만족스럽더라도 미래를 위한 준비를 지속해야 한다.

나를 둘러싼 환경을 제어하지 못하면 나도 모르게 본연의 모습을 잃게 된다. 누군가의 날갯짓에 생각 없이 따라갈 것이 아니라 스스로 컨트롤하는 힘이 필요한 세상이다. 눈앞의 쾌락이 아닌 나의 확신과 신념으로 성장을 위한 노력을 하고 있는지 돌아봐야 한다.

책을 쓰기 시작하면서 내 시간을 온전히 나를 위해 사용하려고 불필요한 만남을 줄였다. 목표가 생기면 자연스럽게 나에게 맞는 환경이 조성된다. 주위 환경을 스스로 선택할 수 있는 용기가 생긴다. 새로운 것에 도전하고 결과를 만들어내기 위해서는 주위 환경을 목표에 최적화시켜야 한다. "지금 상황이 이래서 어쩔 수 없어."라고 말하는 사람에게 더 나은 미래는 오지 않는다.

물론 새로운 나로 거듭나기 위해 본래의 모습을 모두 버릴 필요는 없다. 간혹 자신의 본성까지 모두 버려야만 새롭게 시작할 수 있다고 착각하는 사람들이 있는데 결국 많은 것을 잃고 나서야 본래의 모습으로 돌아가기도 한다. 예를 들어, 사람을 좋아하는 탓에 자주 이용을 당했다고 해서 극단적으로 사람을 피할 필요는 없다. 사람은 좋아하되 주의해야 할 부분을 인지하고 하나씩 실천해 나간다면 긍정적인 변화를 불러올 수 있을 것이다. 즉, 지킬 것은 지키면서 새로운 나로 변화할 수 있도록 노력해야 한다. 우리의 환경을 이해하고, 그것을 목표에 맞게 조율하며, 성장할 수 있는 방향으로 나아가는 것이 진정한 변화의 시작이다.

우리는 종종 노력으로 바꿀 수 있는 환경조차도 익숙하다는 이유로 바꾸기를 꺼린다. 현실에 안주하는 순간 타성에 젖을 수밖에 없다. 환경을 새롭게 창조하고 통제할 수 있다는 믿음도 점차 약해진다. 지금의 환경에서 무엇을 유지하고, 무엇을 더하고 빼야 하는지 명확히 파악할 필요가 있다.

　나는 첫 책을 쓸 때 방 하나를 정리해 집필실로 사용했다. 모두가 잠든 시간에 글쓰기에 집중하며 보냈다. 아이가 잠든 시간부터 새벽까지 글을 쓰고, 어린이집에 가 있는 동안에는 더욱 쉬지 않고 썼다. 육아와 살림을 병행하면서 악착같이 글을 쓴 이유는 내 삶을 바꾸고 싶어서였다. 낮에는 카페에서 글을 쓰며 몰입을 위해 필요할 때마다 환경을 바꾸어 가며 작업했다.

　책을 쓰는 동안에는 조금 이기적인 나로 살았다. 가족들에게 양해를 구하고 도움을 요청했으며 할 수 있는 한 최선을 다해 시간을 확보했다. 주어진 환경을 나에게 맞게 활용하고 필요하다면 생소한 환경 속에 자신을 던지는 용기도 필요하다. 환경을 탓하면서 하지 않을 이유를 찾기보다는 어떻게든 해낼 수 있는 환경으로 만들어 갔으면 한다.

　만약 승무원이라는 일을 선택하지 않았다면, 고향을 떠나겠다는 생각을 하지 않았더라면, 월급만 주면 아무 일이나 해도 상관없다던 생각을 계속 했더라면, 나는 여전히 우물 안 개구리처럼 살았을지도 모른다. 나는 나를 둘러싼 환경에서 벗어나고자 하는 욕구가 강했다. 단 한 번의 용기로 마음속에서 불타

오르는 욕망에 응답하기로 결심한 순간 모든 것이 달라졌다. 미국의 사상가 랄프 왈도 에머슨의 말처럼 "대단해지기는 사소해지는 것만큼 쉽다." 생각의 전환은 힘이 크다는 것을 기억했으면 한다.

내가 만약 부유한 집에서 태어나 어려움 없이 자랐다면 승무원 일을 10년이나 이어가지는 못했을 것이다. 아마 중간에 포기하지 않았을까. 결핍은 때때로 삶을 막다른 길로 안내하기도 하지만, 때로는 새로운 기회를 제공하기도 한다. 결핍과 고통이 주는 가치가 무엇인지는 시간이 지나 봐야 명확히 드러난다. 그러니 주어진 환경으로 인해 좌절감이 들더라도 지금의 감정에 매몰되지 않기를 바란다. 어려움 속에서도 새로운 길을 찾는 용기를 잃지 않는 것이 가장 중요하다.

누구에게나 인생은 한 번뿐인 소중한 것이다. 나 자신을 존중하지 않고 더 넓은 세상으로 나아간들 무슨 의미가 있을까. 지금 이 순간 마음가짐을 바꿈으로써 환경을 변화시킬 수 있다는 자기 믿음을 가져야 한다.

"당신도 할 수 있다."는 말에 "내가 무슨"이라는 말로 자신을 낮추는 사람들이 있다. 다른 사람들에게는 가능한 일이 자신에게는 불가능한 일이라 여기고 애초에 시도조차 하지 않는 이들이다. 그들은 환경 탓을 하면서 수많은 변명 뒤에 숨어버린다. 나는 그들에게 이렇게 말하고 싶다. "우리는 모두 무한한 잠재력을 가진 존재"라고.

비범한 사람들은 모두 태어날 때부터 비범한 능력을 가지고 태어날까? 살아가면서 자신의 능력을 개발한 사람이 훨씬 많지 않을까. 하버드대학교 심리학과 교수 하워드 가드너는 그의 저서 《비범성의 발견》에서 비범한 사람의 세 가지 특징을 다음과 같이 말한다.

"첫째, 비범한 사람은 자신의 삶에서 경험했던 크고 작은 사건들을 삶에 반영하는 능력이 다른 사람에 비해 뛰어나다. 둘째, 비범한 사람은 자신의 타고난 '강점'보다 자신의 강점을 인식하고 개발하는 능력이 뛰어나다. 셋째, 비범한 사람들도 때때로 실패를 경험한다. 하지만 그들은 포기하기보다 역경에서 무엇을 배우고자 하며 패배를 기회로 전환하고자 한다."

비범성은 타고나는 것이 아니라 만들어지는 것이다. 지속적인 성장을 위해 세상을 바라보는 시각과 환경을 변화시키고자 노력하는 과정에서 비범해질 수 있다. 작은 용기를 내었을 뿐인데 나의 가능성을 발견할 때가 있다. 해 보지도 않고 자신의 한계를 규정하지 말자. '그냥 한번 해 보자.'는 가벼운 마음으로 새로운 세상에 뛰어들어보자. 생각지도 못했던 기회를 만나면서 내가 몰랐던 나를 찾게 될지도 모르니까. '이게 아니면 끝'이 아니라 '이게 아니어도 괜찮은' 내가 되기 위해서 말이다.

우리에게는 자신의 삶을 스스로 선택할 수 있는 힘이 필요하다. 우리는 자신을 둘러싼 환경을 창조하고 컨트롤할 수 있는 능력을 이미 가지고 있다. 주어진 환경을 탓하기보다는 내가 할 수 있는 것을 찾아 스스로가 만들어낸 한계에서 벗어나길 바란다. 나를 바꾸면 모든 것이 변한다. 그 변화는 당신이 가진 용기에서 시작된다.

경험 **3**

▶ 내 안에 남아있는 행복과 몰입의 경험 찾기

고등학교 시절, 어려운 수학 문제를 풀며 시간이 가는 줄 모르고 몰입했던 경험이 있다. 한 문제를 붙잡고 네 시간이 넘도록 고민한 끝에 문제를 풀어냈을 때의 희열은 말로 설명할 수 없을 정도였다. 친구들은 어려운 문제를 만났을 때 나를 찾아왔다. 어떻게 하면 친구들에게 쉽게 설명할 수 있을까를 고민하던 시간 또한 몰입의 시간이었다. 몰랐던 것을 알게 되었을 때의 기쁨과 다른 사람들이 가진 문제를 해결해 줄 때 느끼던 보람은 늘 나를 행복하게 했다.

우리가 관심과 흥미를 가지고 몰입할 수 있는 일들은 어느 날 갑자기 나타나지 않는다. 그것은 오직 노력으로 얻을 수 있

퍼스널 브랜딩의 모든 것

다. 책을 쓰면서 그저 한 권을 쓴다는 데 의미를 두고 몰입하지 않았다면 나는 지금 책을 쓰고 있지 않을 것이다. 내가 쏟은 노력이 몰입으로 나를 이끌었고, 몰입의 경험으로 지속하고 있는 것이다.

행복의 경험, 몰입의 경험이라고 해서 무조건 옳은 방향인 것은 아니다. 타인에게 해가 되는 일을 하면서도 행복과 몰입을 경험할 수 있기 때문이다. 자신이 가진 열정을 좋은 방향으로 활용하는 사람도 있고 타인에게 해가 되는 방향으로 이용하는 사람도 있다. 후자의 경우, 차라리 열정이 없는 편이 나을지도 모른다. 우리의 삶을 풍성하게 만들어 주는 핵심 요소들을 올바르게 활용하는 것은 무엇보다 중요하다. 이 세상을 아름답게 만드는 데 동참했다는 자부심을 준다. 누가 알아주든 알아주지 않든 상관없이.

일을 하지 않고 편하게 지냈던 시절을 떠올리면 오히려 행복과는 거리가 멀었다. 몰입할 수 있는 것이 아무것도 없었기 때문이다. 그저 여유롭게 시간을 보내면서 몸은 편한데 한편으로는 나 자신이 아무것도 아닌 것처럼 느껴져 견딜 수가 없었다.

경력 단절로 독박 육아를 하던 시절은 참 힘들었다. 아이가 네 살이 되어 어린이집에 보내던 그날, 침대에 누워 편안하게 쉬는데 그렇게 행복하다는 생각이 들지 않았다. 그 순간, 승무원 시절 퇴근 후 오피스텔에서 누워있던 때가 떠올랐다. 피곤한 몸을 이끌고 집으로 와서 짐 정리를 마친 뒤 씻고 침대에 누우면 그렇게 행복할 수가 없었다.

힘들게 일한 후 휴식이 주는 행복과는 다른 느낌 속에서 고민이 많아졌다. '내 일'을 하고 싶다는 마음이 간절했다. 내 이름을 잃은 채 그냥 한 아이의 엄마로 살기엔 나는 일을 사랑하는 사람이라는 사실을 온전히 휴식할 수 있는 시간에 깨닫게 된 것이다.

그렇게 나의 첫 창업이 시작되었다. 아이와 함께 있을 때는 아이에게 최선을 다하고, 어린이집에 갔을 때는 내 일에 몰두하며 진정 살아있음을 느꼈다. 육아만 하며 살았던 그 시절이 없었다면 지금의 나는 없었을 것이다. 나에게 의미 있는 것들은 그것을 잃었을 때 비로소 명확하게 알게 된다.

일을 하면서도 어떤 순간에 즐거움, 보람을 느끼는지 곰곰이 생각해 보자. 아무리 좋아하는 일이라고 해도 늘 좋을 수는 없다. 힘든 순간이 훨씬 많더라도 기쁜 순간이 있기에 견뎌낼 수 있는 것이다. 기쁨의 순간을 떠올리고 기억하는 것은 이후에 새로운 일에 도전할 때 도움이 된다.

퍼스널 브랜딩의 모든 것

누가 시키지 않아도 내가 좋아서 하는 일은 특별한 보상이 따르지 않아도 괜찮다. 그 일을 해나가는 과정에서 소중한 것들을 얻기 때문이다. 무조건 세상의 흐름과 속도에 나를 맞출 필요는 없다. 맞지 않는 방식을 억지로 따라가다 보면 결국 탈이 날 수도 있다.

우연히 2008년 4월에 방송된 KBS 다큐멘터리 〈수요 기획〉에서 한 사연을 접했다. 연봉 7,000만 원을 받으며 잘나가는 세무법인 비서로 일했던 김영숙 씨 이야기였다.

고등학교 졸업 후 일본으로 유학을 떠나 건축 회사를 거쳐 유명 회계 법인의 비서로 일했던 그녀는 지금, 남태평양의 작은 섬 팔라우에서 다이빙 가이드로 일하고 있다. 그녀는 자신이 언젠가 팔라우에서 살게 될 거라 상상조차 하지 못했다고 한다. 하지만 몇 년 전부터 '내가 진정으로 원하는 것은 무엇일까'를 고민해 왔고, 결국 자신의 선택을 존중하며 현재의 삶을 살고 있다. 한 달 수입이 약 70만 원에 불과하지만, "제가 하고 싶은 일을 하고 있기 때문에 힘든 순간에도 '내가 선택한 것이니까'라고 생각하며 즐길 수 있다."고 말한다.

돈을 많이 벌 때는 남들보다 잘 먹고 잘사는 거 외에 뭘 하고 싶은지 몰랐는데, 지금은 자신이 원하는 것을 분명히 알게 되었기에 만족스럽다고 한다. 누군가는 그녀를 보며 어리석다 말하겠지만 행복은 주관의 영역이다. 내 삶을 남들 기준에 맞춰서 판단할 필요는 없다.

나는 운 좋게 첫 책이 잘되면서 부자가 되기 위한 목표로 몇 년 동안 미친 듯이 달려왔다. 하지만 원하는 목표에 더 가까이 다가갈수록 중요한 것을 놓치고 있음을 깨달았다. 사람을 돈으로 보는 순간 내 영혼은 불행해진다는 것을 직감적으로 알게 됐다. 인생을 다시 세팅하듯이 고립을 선택했다. 혼자 미친 듯이 글만 쓰면서 인생을 돌아봤다. 내가 진짜 원하는 삶은 무엇인지, 내가 어떤 것에 몰입할 때 진정 살아있음을 느끼게 되는지 절실한 마음으로 나를 찾기 위해 고군분투했다. 이제는 부자가 목표가 아닌, '나답게 살아가는 삶'을 목표로 충분히 만족스럽다.

유튜브 채널 '하랑쌤의 교실'을 운영하는 유튜버 하랑쌤은 교사를 그만두고 뷰티 인플루언서로 활동하다가 다시 교사를 선택한 이야기를 영상으로 올렸다. 그녀는 임용고시에 합격한 후 1년간 대기 발령을 하면서 다이어트를 시작했다고 한다. 운동 기록을 SNS에 남기면서 팔로워가 많아져 얼떨결에 인플루언서가 되었고, 팔로워가 늘어나면서 공동구매로 하루 만에 교사 월급 이상을 벌 때도 있었다. 정식 발령 전에는 교사 월급의 5배 정도를 벌었다고 한다.

이후 8개월간 뷰티 인플루언서로 활동하다 강남에 있는 학교에 발령이 났지만 코로나로 아이들을 직접 보고 가르칠 수 없다는 아쉬움과 적은 월급으로 인해 학교를 그만두었다.

사직 후 본격적으로 뷰티 인플루언서의 길을 걷기 시작한 그녀는, 돈을 벌수록 우울감이 들기 시작했다고 한다. 과거, 자신이 교사가 되고 싶었던 이유는 돈 때문이 아니라 보람된 일을 하기 위함이었다는 사실을 깨달았다. 뷰티 인플루언서는 예쁠수록 돈을 많이 버는 직업이다 보니 자기도 모르게 외모 지상주의를 부추기는 모습이 싫었고 팔로워가 줄어들면 그만큼 스트레스를 받았다고 한다. 정신이 피폐해지고 번아웃이 찾아와 결국 일을 그만두었다.

그러던 어느 날 대인 기피증으로 힘들 때 한 학생의 감사 메시지를 받으며 눈물을 쏟았던 일을 떠올리며 교사로 돌아가기 위해 임용고시를 치러 지금은 다시 교사로 일하고 있다. 방황 끝에 하랑쌤이 깨달은 것은, 사람은 자신이 타고난 기질과 중시하는 가치를 고려해 직업을 정해야 한다는 것이다. 어떤 방식으로 사람들에게 영향을 끼칠 것인지 고민해야 하고, 보람을 느낄 수 있는 일을 할 때 삶의 만족도가 높아진다는 것을 알게 된 것이다.

과거의 경험이 많을수록 오히려 그 경험에 발목이 잡혀 도전을 포기하는 사람들도 있다. '그때도 실패했으니 지금도 마찬가지일 것'이라며 비슷한 상황에서 도전을 두려워하는 경우가 많다. 하지만 과거의 실패를 떠올릴 때, 중요한 것은 그 실패가 나에게 어떤 변화를 요구하는지 집중하는 것이다. 내 안에 남아 있는 행복과 몰입의 경험을 찾아, 그것을 두려움 없는 도전의 원동력으로 삼기를 바란다.

인생은 끊임없이 자신을 탐구하고, 스스로를 변화시키며 성장해 나가는 과정이다. 그리고 그 과정에서 내가 진정으로 원하는 삶이 무엇인지, 어떤 방식으로 살아가야 할지 고민하며 앞으로 나아가야 한다.

관점 4

▶ 일을 바라보는 관점 바꾸기

"우리가 어떤 삶을 살아가느냐는 우리가 하는 일과도 관계가 있지만 그보다는 자기가 하는 일을 스스로 어떻게 받아들이느냐 하는 경험의 내용과 더 관계가 깊다."

미국의 심리학자 미하이 칙센트미하이는 자신의 저서《몰입의 즐거움》에서 위와 같은 말을 남겼다. 같은 일을 하더라도 어떤 사람은 그것을 단순한 생계 수단으로 여기고, 또 다른 사람은 자아실현의 기회로 받아들인다. 일상적인 업무조차도 우리가 어떻게 바라보느냐에 따라 전혀 다른 의미가 있을 수 있다. 인간의 의식에는 유연성이 있기 때문에 개인이 주도적으로 선택하여 현실을 바꿀 수 있는 여지는 얼마든지 있다. 자신의 일을 새로운 시각으로 바라보고 그 안에서 의미를 발견하려 노력하는 것, 그것이 바로 삶의 질을 높이는 첫걸음이 될 수 있다.

덧붙여 그는, 감정이란 '의식 안의 상태'라고 말하면서 일에 영향을 주는 두 가지 감정 상태를 이야기한다. 우리가 일을 대하는 태도와 관점은 이러한 감정 상태와 밀접하게 연관되어 있다. 슬픔, 두려움, 떨림, 지루함 등 바람직하지 못한 감정은 마음속에 '심리적 엔트로피'를 조성해서 일에 집중하지 못하게 만든다. 내부의 질서를 다시 세우기 위해 온 신경을 쏟아야 하기 때문이다.

한편, 행복, 과단성, 민첩성 같은 바람직한 감정은 '심리적 반反엔트로피' 상태로 아무 걸림돌 없이 정력을 우리가 선택한 과제로 온전히 투입할 수 있도록 한다고 말한다. 이때는 스스로를 되돌아보거나 추스르는 데 주의를 기울일 필요가 없기 때문이다. 목표를 설정하고 그 목표를 얼마나 끈질기고 일관성 있게 추구하느냐는 동기부여가 얼마나 잘 되어 있느냐에 달렸다는 것이다. 일을 단순히 해야 할 과제로 보는 것이 아니라 성징의 기회로 바라보는 관점의 전환이 중요하다. 하고 싶은 일이든 해야 하는 일이든 목표를 가지고 있는 것이 목표 없이 마지못해 일을 하는 상태보다 삶의 질을 높여준다. 결국 일에 대한 긍정적인 시각과 명확한 목표 의식이 없다면, 동기부여의 필요성을 깨닫지 못해 자신의 삶을 개선하지 못하는 결과를 낳는다.

A는 카페 매니저다. 카페 오픈 시간 전에 미리 와서 주방을 정리해 줄 아르바이트생을 뽑아야 하는데 잘 구해지지 않는다고 하소연했다. 어느 날 할머니 한 분이 일자리를 문의하러 카페에 방문했다고 한다. 일주일에 한 번씩 컵과 식기류 등을 정리하는 단순한 일이었고, 오픈 전에 먼저 와서 하는 일이라 직원들과 마주칠 일도 없다 보니, 할머니를 채용하는 데 무리가 없다고 판단하여 채용을 결정했다. 그런데 할머니가 근무를 시작한 이후 카페 주방이 몰라보게 깨끗해지고 카페 앞쪽에 죽어가던 화분이 되살아나 카페 분위기가 좋아졌다. 대부분의 아르바이트생들은 시키는 일만 했는데 할머니는 시키지 않은 일까지 하며 마치 자신의 가게인 것처럼 도와줘서 감동을 받았다는 것이다. 하루는 일찍 나와서 할머니에게 감사함을 전하고, 할머니가 손이 빠르니 일하는 시간을 3시간에서 2시간으로 단축하고 급여는 동일하게 지급하기로 했단다.

이처럼 단기 아르바이트라도 일을 어떻게 대하느냐에 따라 성과가 달라진다. 할머니는 다른 아르바이트생과 달리 주인 의식을 가지고 일을 했던 것이다. 자신에게 기회를 준 것에 감사하며 온 마음을 다해 주어진 일을 하고 카페에 필요한 일들을 스스로 만들어서 했던 것이다. 어떤 일에서도 그 일의 의미와 가치를 생각한다면 우리는 나만의 직업의식을 가지고 즐겁게 일을 해나갈 수 있다.

승무원으로 근무하면서 정신적으로 힘들 때도 많았다. 그때마다 나는 내 일이, 단순히 월급을 받기 위한 업무라는 생각에서 벗어나 내가 보여주는 이미지가 곧 회사의 이미지라고 생각하며 생각의 관점을 달리했다. 그러자 책임감이 느껴지고 자부심도 생겼다. 그렇게 나는 10년간 회사를 사랑하는 한 사람으로서 만족스럽게 일을 하며 사표를 낼 수 있었다.

1인 기업가로서 첫발을 내디딘 이후에도 마찬가지였다. 처음에는 돈을 많이 벌기 위한 목적으로 내 일을 바라보기도 했다. 하지만 단순히 경제적 목표 하나만으로는 큰돈을 번다 해도 행복할 수 없음을 깨달았다. 직업이나 회사를 돈벌이 수단이라는 관점에서 바라보고 성공만을 목표로 달려가는 삶 속에서 지름길은 오히려 위험할 수 있음을 깨우친 후 삶의 모든 것이 달라졌다. 느려도 옳은 길을 가는 사람만이 자부심을 갖고 일을 할 수 있으며 이 과정에서 큰 자신감을 장착할 수 있다.

현재 다니는 회사가 마음에 들지 않아 그만두고 싶다면 구체적으로 생각을 정리해 봐야 한다. 처음 이 일을 시작할 때의 마음은 어땠는지, 그때와 지금은 무엇이 달라졌는지를 떠올려보자. 일을 하면서 나에게 어떤 변화가 필요한지, 변화가 어디까지 허용되는지 스스로에게 질문하며 생각하는 시간이 필요하다. 회사가 나에게 줄 수 있는 것도 중요하지만 내가 내 일을 어떻게 바라보느냐가 훨씬 중요하다.

같은 일을 반복하더라도 개방적인 사고를 갖도록 노력해야 한다. 우물 안 개구리처럼 자신이 몸담은 세계에 매몰되어 살아가는 것과 다양한 세상을 함께 바라보는 것은 다르다. 마치 소설만 읽는 사람과 다양한 분야의 책을 읽는 사람의 사고의 폭이 다른 것처럼 말이다. 저녁과 주말 시간을 활용해 자신에게 필요한 공부를 하며 일을 이어간다면 더 많은 아이디어가 생겨나고 일의 즐거움 또한 커질 것이다. 그러니 '어떻게 하면 일을 안 하고 살아갈까?'가 아니라 '어떻게 하면 내가 좋아하는 일을 하며 살아갈 수 있을까?'를 고민했으면 한다.

세상이 시시해 보이는 이유는, 세상이 시시해서가 아니다. 자신의 일과 삶을 바라보는 관점이 시시하기 때문이다. 일에 대한 열정도 삶에 대한 의욕도 사라졌기 때문이다. 더 이상 시시하게 살지 말자. 자신을 위해 용기를 내어 새로운 인생을 준비할 때다. 내 일을 잘 해내는 하나의 방법은 '비교 불가'라는 생각이 들 때까지 최선을 다하는 것이다. 그 누구도 이렇게까지 할 수는 없을 거라는 확신이 들 때까지 정성을 들이자. 자신의 분야에서 최고가 되겠다는 결심으로 모든 열정을 쏟아부어라. 세상이 알아주지 않더라도 자신의 인생에서 가장 빛날 때를 기다리며 말이다.

퍼스널 브랜딩의 모든 것

목적 5

▶ 자기 자신을 이끄는 목적의 재발견

"한 인간의 심성과 이성을 이해하려면 그가 지금까지 무엇을 이루었느냐가 아니라 앞으로 무엇을 하고 싶어 하느냐 하는 포부를 살펴봐야 한다."

미국의 시인이자 작가 칼릴 지브란의 말이다. 나는 사람을 바라볼 때, 그가 지금까지 이루어낸 '무엇'보다 앞으로의 비전, 즉 목적이 무엇인지가 궁금하다. 과거의 영광은 오래가지 않으며 우리는 과거에서 얻은 것을 토대로 얼마든지 현재를 바꿀 수 있기 때문이다.

어느 날 지인에게서 연락이 왔다. 그녀는 언제나 큰 열정을 가지고 많은 일을 해내는 사람이다. 마지막으로 그녀를 만났을 때, 그녀는 한 사람이 감당하기에 너무 많은 일을 하고 있었기 때문에 건강을 위해서 일을 조절해 보라고 조언을 한 적이 있다. 못 본 사이에 그녀에게 많은 일이 있었다. 몸이 아파서 신경 쓰고 있던 많은 일들을 내려놓고 건강 관리를 1순위로 신경 쓰고 있다고 했다. 결국 잘 살기 위해서 애썼던 것인데 건강이 무너지고 나서야 자신의 삶을 돌아보게 되었다는 것이다. '살아가는 목적'을 다시 생각하게 된 것이다. 나 역시 회사를 그만두면서 내 인생의 모든 것이 흔들리는 경험을 하고 인생의 목적이 필요하다는 것을 뒤늦게 깨달았다.

누군가 "당신은 어떤 삶을 살고 싶은가?"라고 묻는다면 뭐라고 대답할 것인가. 지금까지 살아오면서 삶의 목적과 가치에 대해 생각해 본 적이 있는가. 삶에 대한 명확한 목적은 인생을 허비하지 않도록 돕는다. 자신이 진정으로 원하는 삶의 모습은 무엇인지 내면 깊숙이 들어가 성찰할 때 큰 가치를 향해 나아갈 수 있는 힘을 얻을 수 있다. 효율성을 따지는 세상에서 이보다 중요한 것이 있다는 것을 스스로 깨달을 때 그 누구도 방해할 수 없는 자신만의 길을 갈 수 있다. 자신이 원하는 것에 대해 꼬리에 꼬리를 무는 질문을 통해 진짜 자신이 원하는 것이 무엇인지 찾을 수 있다. 자신의 목적을 안다면 원하지 않은 것들을 걸러낼 수 있다.

첫 책을 쓸 때 나는 막연하게 성공하고 싶다는 생각이 강했다. 경제적으로 크게 성공해서 돈 걱정 없이 원하는 모든 것을 누리며 사는 삶이 최고라 여겼다. 하지만 지속적으로 책을 쓰면서 누가 말해주지 않아도 깨달을 수 있었다. 이런 삶은 내가 진정으로 원하는 삶이 아니며 추구할 만한 가치도 아니라는 것을. 그리고 그동안 내 인생에 대해 진지하게 그리고 깊이 있게 고민한 적이 없다는 것을. 글을 쓰며 고민했던 많은 시간들이 내게 인생이란 무엇인지 알려 준 것이다.

경제적으로 성공해서 남들보다 많은 것을 누리며 사는 삶보다는 글을 통해 다른 사람들에게 긍정적인 자극과 도움을 주는 삶이 훨씬 가치 있다고 느낀다. 개인적인 차원의 삶을 넘어서 타인에게 영향을 미치는 삶으로 나아가는 것은 내 인생의 그릇을 크게 키우는 과정이다. 독서의 폭을 넓혀 과거에 존재했던 현자들과 깊은 대화를 나누며 현실에 존재하는 다양한 고민 앞에서 대담해지고 더 넓은 세상으로 나아갈 용기를 얻게 된다.

내 삶의 목적은 '대한민국 최고의 동기부여가로서 사람들이 자신의 한계를 넘어서고 성장하도록 돕는 것이다. 꾸준히 글을 쓰고 교육을 하면서 내 삶의 목적이 명확해졌다. 나를 만나는 사람이 자신도 알지 못했던 잠재 능력을 발견해 한계를 넘어서고 성장하는 모습을 지켜볼 때 말할 수 없는 기쁨을 느낀다. 당신도 할 수 있다고 진심 어린 응원의 메시지를 전할 때 절망 끝에서 다시 일어서는 사람들을 본다. 자신을 믿어주는 단 한 사람이 없어서 해내지 못하고, 자신이 가진 가치를 인정할 용기가 없어서 시도조차 하지 못하는 사람들이 많다. 나는 그들에게 용기를 북돋우고 자기 확신을 가지도록 도울 때 진정 살아있음을 느낀다.

창조적인 사람들을 움직이는 자발적 동기부여에 관해 서술한 미국의 작가 다니엘 핑크는 그의 저서 《Drive 드라이브》에서 인간 행동의 원천, '동기'에 대해 의문을 제시한다. 그는, 인간을 움직이게 만드는 강력한 동기는 생물학적인 욕구와 보상을 추구하고 처벌을 피하려는 욕구가 될 수 없다고 말한다. 현대에 이르러 창의성 발현이 중요해졌기에 내재적 보상, 즉 내재 동기라는 세 번째 욕구인 '제3의 드라이브'에 주목한다. 그는 이 내재 동기를 '동기 3.0'으로 규정하고 동기부여의 세 가지 요인, 자율성과 숙련 그리고 목적에 대해 다음과 같이 이야기한다.

"숙련을 향해 자율적으로 노력하는 사람들은 높은 수준의 성과를 달성하고 더 큰 목적을 가진 경우 그 이상을 이룰 수 있다. 생산성과 만족도가 가장 높은 사람과 동기부여가 가장 잘된 사람들은 자신을 뛰어넘는 큰 명분을 위해 욕망을 건다."

높은 성과를 이루는 비밀은 제3의 드라이브, 즉 스스로 삶을 이끌고 자신의 능력을 소비하고 확장하며 목적이 있는 삶을 살고 싶다는 인간의 뿌리 깊은 욕구 안에 숨어있는 것이라고 강조한다. 만약 당신이 조직에서 리더라면 목적의식이 명확해야 한다. 조직원들에게 영향을 끼치기 때문이다. 목적의식이 명확하지 않은 리더를 따르고 싶은 사람은 없다. 조직에서 리더 역할을 하지 않더라도, 우리는 모두 자신의 삶을 이끄는 리더이기도 하다.

글로벌 기업 '핵심리더십연구소' 회장이자 《목적 중심 리더십》의 저자 닉 크레이그는 목적이란 "할 수밖에 없게 나를 이끄는 것, 내가 세상의 기준에 못 미치고 아무런 금전적 대가가 없다고 해도 하게 되는 것, 내가 정말 미쳤나 하는 생각이 들게 만드는 것"이라 말한다. 목적이 이끄는 삶을 사는 사람은 아무도 자신을 지지하지 않을 때도 묵묵히 제 갈 길을 걸어간다. 또 출세 지향적 목적은 자기 본연의 모습보다는 되고 싶은 모습을 보여주는 경우가 허다하기 때문에 진정한 모습을 보여주지 않을 수도 있다고 강조한다. 최악의 상황에서도 과연 그 목적을 추구할 것인지 스스로에게 물어보라고 조언한다.

또한 목적이 우리에게 주는 여섯 가지를 이야기하는데, 이 내용을 참고하면 여러분만의 목적을 정의하는 데 도움이 될 것이다. 첫째, 삶의 역경에 의미를 부여하고 둘째, 살아가는 동안 변하지 않으며 셋째, 우리가 하는 모든 일에 영향을 미친다. 넷째, 우리의 삶 전반에 작용하며, 다섯째, 우리를 '가면 증후군'으로부터 벗어나게 하고 여섯째, 우리 안에 여전히 존재하는 호기심 가득한 어린아이 같은 모습을 이끌어줄 수 있다. 결론적으로 목적은 우리가 세상에 기여하는 고유한 재능이며, 이를 통해 세상을 보게 하는 렌즈 역할을 한다는 것이다. 또 자신의 마음과 영혼을 따라 살 때 우리는 모든 것에 대적할 수 있음을 이야기한다.

목적은 우리가 누구인지를 말해준다. 단순히 목적을 따르는 삶이 아니라 옳은 방향의 목적을 가져야 만족할 수 있다. 목적을 이루었지만 불행한 사람도 있기 때문이다. '나'에 대해 질문을 받았을 때 빠질 수 없는 것이 무엇인지 생각해 보자. 자꾸 이야기하고 싶고, 없던 에너지도 만들어 내는 것은 무엇인지 들여다보자. 삶의 활력을 만들어 냈던 순간을 떠올려 보자. 목적이 이끄는 삶은 남들이 가지 않은 길을 갈 용기를 준다. 쉬운 길이 아니라 옳은 길을 가게 해주는 힘은 혼란스러운 세상에서 중심을 잡고 살아가도록 도와준다.

탁월함 6

▶ 작지만 소중한 성공 체험을 쌓아 숙달에 이르기

　수강생들은 내게 '족집게 강사', '책 쓰기 일타 강사', '최고의 동기부여가'라는 별명을 지어주었다. 다시 내 인생을 살아보겠다는 마음으로 첫 책을 썼을 때만 해도 나는 이런 별명과는 무관한 사람이었다. 지치지 않고 꾸준히 책을 쓰고 다양한 도전을 이어오면서 비로소 단단한 사람이 될 수 있었다. 사소한 경험에서도 배우고 내 것으로 만들기 위한 노력을 멈추지 않았다. 과거의 내가 그토록 원했던 모습과 많이 가까워진 지금이다.

　일본 메이지대학 문학부 교수 사이토 다카시는 《인류의 조건》에서 우리 사회에서 청소년, 젊은 세대가 겪는 고질적인 문제는 '아이들에게 무엇을 가르치고 물려주어야 하는가'에 대한 기성세대의 확신과 공통 인식의 부재 때문이라 말한다. 아이들에게 '어떤 사회, 어떤 환경에서도 거뜬히 살아가는 힘'을 키워주어야 한다는 말에 깊이 공감한다. 그가 생각하는 '살아가는 힘'은 '숙달에 이르는 보편적 원리'를 반복적 체험을 통해 '기술로 만드는 것'이다.

사이토 다카시는 전문가가 되기 위해 세 가지 습관이 필요하다고 말한다. 첫째는 지식을 훔치는 힘이며, 둘째는 요약하는 힘, 셋째는 추진하는 힘이다. 새로운 것을 배울 때는 자신의 것을 비우고 더 나은 것을 훔쳐야 하며, 핵심을 제대로 파악해 요약해야 한다. 추진하는 힘이 없다면 결국 자기 것이 되지 못한다.

또한 그는 '나는 지금 무엇을 위해 이것을 하고 있는가?'라는 물음에 분명하게 대답할 수 있는 인식력을 다지는 것이야말로 숙달의 비결이라 말한다. 또 숙달의 궁극적인 목적은 자신만의 스타일을 만드는 것이라고 이야기한다. '숙달의 비결'을 터득하는 것이 삶의 의미를 손에 넣는 것임을 가슴에 새겨야 한다는 말이 인상적이다.

자신이 가진 다양한 능력을 하나로 모아 자신만의 차별점을 만들어 내는 과정은 1인 기업가로 성공하기 위해 반드시 필요하다. 작은 것에서부터 정성을 들여서 숙달에 이를 수 있도록 부단히 노력해야 한다.

나는 지난 9년간 쉬지 않고 집필을 해왔다. 누군가는 내가 처음부터 글을 잘 썼기 때문에 계속 책을 써 온 것이 아니냐고 말한다. 첫 책을 쓸 때는 나에게도 새로운 도전이었기에 체력적으로도 정신적으로도 힘들었다. 하지만 한 권의 책을 완성한 후에는 이전에 없던 자신감이 생겨났고 그 힘으로 다음 책을 쓸 수 있었다. 몰입하고 또 몰입하는 훈련 끝에 이제는 가만히 앉아서 책을 쓰는 일이 곤욕스럽게 느껴지기보다 즐겁게 다가온다. 오랜 시간 훈련이 되었기 때문이다.

직장 생활에 올인하다가 퇴사 후 막막한 삶을 살아가는 사람들이 많다. 회사에서는 잘나갔던 사람들이 다시 사회에 나오면 일반적인 수준의 처우를 받는 경우를 종종 목격한다. '나만의 기술'을 쌓지 않았기 때문이다. 꾸준히 공부하지 않았기 때문이다. 회사에서 시키는 일만 해 온 사람과 자신만의 기술을 연마한 사람은 회사 바깥의 삶에서 큰 차이가 난다.

대기업에서 잘나가던 사람들이 아르바이트 시장에서 학벌과

스펙을 속이고 일자리를 얻으려는 경우도 있다. 직장에 다닐 때 다양한 것에 도전하고 준비하는 자세는 언제 닥칠지 모를 갑작스러운 상황을 두렵지 않도록 해준다.

하루라도 서둘러 자신만의 기술을 쌓기 위해 노력하기를 바란다. 실력을 쌓고 내가 가진 것으로 타인에게 도움을 줄 수 있을 때 만족스럽게 일을 할 수 있으며 합당한 대가를 받을 수 있다. 노력으로 채운 시간은 인생을 빛나게 해줄 것이다. 어떤 일을 하든 질적 변화를 끌어내기 위해서는 양적인 축적이 필요하다는 점을 기억하자. 인내를 가지고 시간과 에너지를 투입해 절대 무너지지 않는 실력을 키우는 것이 우선이다. 사소한 일에도 열정을 쏟아 내며 착실하게 경험을 쌓아 온 사람만이 자신감을 가질 수 있고 기회가 왔을 때 힘을 발휘한다. 무엇이든 꾸준하게 해내는 사람이 자신만의 길을 찾을 수 있고 탁월함을 만들어 낼 수 있다.

피카소는 평생 1,000점 이상의 그림을 그렸기 때문에 많은 사람들이 그의 작품을 적어도 하나는 알고 있다. 그토록 방대한 작품 수는 그가 끊임없는 도전과 실천을 반복했음을 보여준다. 처음부터 완벽한 성공을 거두기는 어렵다. 성공한 사람을 부러워하며 자신에게 기회가 오지 않는다고 불평할 이유도 없다. 피카소가 단지 성공만을 위해 그림을 그렸다면 평생 그림 그리는 일에 몰두하지는 못했을 것이다.

결과를 만들어 내고 싶다면 탁월해질 때까지 꾸준히 이어가야 한다. 한두 번 시도하고 포기할 것이 아니라 수많은 시도를 해야만 기회를 잡는다는 마인드를 가져야 한다. 당신은 무엇을 만들어 내는 사람이길 바라는가. 그 답을 찾기 위한 노력을 멈추지 않았으면 한다.

전문가의 반열에 올랐음에도 지속적으로 성장하는 사람들은 자신보다 경험이 적은 사람을 통해서도 배울 점을 찾는 사람이다. 나는 내 분야에서 전문가가 되기 위해 꾸준히 책을 썼고 그 과정에서 얻은 것들을 코치로서 수강생들에게 알려 주고 있다. 다양한 재능이 있는 사람들을 가르치며 나 역시 새로운 배움을 얻을 때가 많다. 나누는 기쁨이 커지고 시야가 넓어짐을 느낀다. 누군가에게 피드백을 해줄 때 바꿔야 할 것을 알려 주는 것도 필요하지만 바꾸지 말아야 할 것을 이야기하는 것도 중요하다. 나를 만나는 사람들이 그들이 가진 좋은 부분들을 지켜 나가면서 긍정적으로 변화하며 꾸준히 성장해 나가길 바란다.

누구나 자신이 원하는 분야에서 끈기 있는 노력으로 숙달에 이를 수 있다. 그다음 단계는 끝없이 성장하며 계속 그런 존재로 살아가는 것이다. 누가 시키지 않아도 스스로 원해서 뭔가에 몰입할 수 있다면 우리는 쓸데없는 것에 에너지를 허비하지 않고 삶을 제대로 소진할 수 있을 것이다.

연결 7

▶ 내가 가진 것을 세상에 보여줘라

　나의 큰 꿈 중 하나는 개그맨 유재석과 조세호가 진행하는 토크쇼 〈유 퀴즈 온 더 블럭〉(이하 유퀴즈)에 출연하는 것이다. 주위 사람들은 내게 왜 꼭 유퀴즈여야 하냐고 묻는다. 그 물음에 대한 답을 하자면, 그 방송을 보며 '인생이란 무엇인가'에 대한 해답을 찾았기 때문이다. 시를 쓰는 환경미화원의 삶에서 인생의 가치를 배웠고, 평생을 절에서 음식을 만들며 살다 뒤늦게 한글을 깨우치고 요리책을 내신 분을 보며 배움의 가치를 알게 되었다. "하고 싶은 일을 하고, 해야 할 일을 할 수 있다는 것에 감사하다."는 말을 남긴 대한축구협회 정동식 심판의 모습에서 꿈을 향해 나아가는 삶의 가치를 깨닫는다. 심판이라는 일이 안정적인 수입을 가져다주지 않기 때문에 주말에는 축구 심판을, 주중에는 서초구 환경공무원으로 일하며 퀵서비스, 대리운전 일을 병행하고 있다고 한다. 아빠는 어떤 분이냐는 질문에 그의 어린 아들은 이렇게 답했다.

"아빠는 착하고 부지런한 사람이에요."

이 말을 듣고 정동식 심판은 그동안 견뎌 온 시간을 보상받는 것 같다며 눈물을 흘렸다. 유명 드라마 〈시그널〉, 〈킹덤〉 등을 쓴 드라마 작가 김은희가 출연했을 때도 깨닫는 바가 참 많았다. 드라마 작가라고 하면 정말 대단하고 타고난 능력자일 거라고 생각한다. 그런데 김은희 작가는 작품을 쓰지 못하면 어떡하나 하는 두려움을 안고 부단히 노력하며 글을 썼다며, 처음에는 형편없는 대본이었지만 시간이 갈수록 좋은 작품을 쓸 수 있었다고 했다.

〈유퀴즈〉를 보며 많은 희망을 보았고 힘과 용기를 얻었다. 평범해 보이는 삶 속에 숨겨진 가치를 발견하며 드러나지 않아도 누구나 자기만의 소중한 것을 품고 살아간다는 것을 알 수 있었다. 나도 그들처럼 내가 가진 소중한 것들을 방송을 통해 많은 사람에게 전해주고 싶다는 꿈을 가지게 되었다. 또 언젠가 방송에 나가게 되면 소중한 독자분들에 대한 감사를 꼭 전하고 싶다.

"꾸준히 노력하는 사람을 이길 수 없고 노력하는 사람은 즐기는 사람을 이길 수 없다."는 말이 있다. 좋아서 하는 일은 결과가 좋지 않더라도 포기하지 않고 나아갈 힘을 준다. 나 역시 글을 쓰는 사람으로서 결과와 상관없이 계속 쓰는 이유는 쓰는 과정 자체가 즐겁기 때문이다. 글로써 세상과, 많은 사람과 연결되고 싶기 때문이다.

이 책을 읽는 독자분들이 자신이 알고 있는 것을 많은 사람들과 공유하면 좋겠다. 블로그가 좋은 수단이 될 것이다. 자신이 어떤 분야에 관심을 가지고 배우며 성장해 나가는 사람인지 그 과정을 담아보자. 다양한 질문과 피드백으로 스스로 더 많은 공부를 하게 되니 꾸준한 성장은 당연한 것이 된다. 온라인이든 오프라인이든 자신과 인연이 된 사람들에게 최고의 것만 주려는 마음은 그 사람의 가치를 더욱 빛나게 만든다.

나는 책을 쓰는 동안 하나의 주제만 생각한다. 주제를 정해 한 권의 책을 쓰는 것은 독자와 나, 세상과 나를 연결하는 과정이다. 세상이 원하는 것이 무엇인지 늘 고민하며 내가 가진 것과 연결하려고 노력한다. 사람들의 고민을 덜어줄 수 있는 주제, 나만의 관점을 보여줄 수 있는 주제를 정해 독자들을 생각하며 책을 쓴다. 꼭 글이 아니어도 괜찮지만 무엇을 선택하더라도 '글쓰기'라는 관문을 통과해야만 자신을 제대로 알릴 수 있을 것이다.

S는 직장인이다. 그는 재직 중에 자신의 시간을 최대한 활용하면서 퇴사를 준비하고 있다. 점심시간에는 식사를 간단히 해결하고 남은 시간에 블로그에 글을 쓴다. 동료들이 삼삼오오 모여서 수다를 떨 때 자리에서 글을 쓰는 것이다. 하루 중 가장 많은 시간을 보내는 직장이지만 직장에서의 삶이 전부라 여기며 살고 싶지 않기 때문이다. 그렇게 하루를 보내면 잠들 때 참 뿌듯하다고 한다. 내가 할 수 있는 노력은 다하겠다고 결심한 이후부터는 잠을 줄여도 피곤하지 않다는 그의 말에 사람은 희망으로 살아가는 존재임을 깨달았다.

나를 세상과 연결하기 위해 다른 사람들의 도움 역시 필요하다. 좋은 것이 있으면 적극적으로 알리기를 좋아하는 사람들이 있다. 다른 사람이 가진 문제를 해결해 주는 것에서 큰 기쁨을 느끼는 사람들이다. 내가 책 쓰기 코칭을 이어갈 수 있는 건 이렇게 입소문을 내는 수강생들 덕분이다. 나를 세상에 알려 주고 나의 도움이 필요한 사람들에게 주저 없이 추천해 주는 그들이 있기에 지속적으로 일을 할 수 있었다. 이렇게 우리는 서로가 서로에게 영향을 주며 함께 성장해 나간다.

우리는 자신만의 방식으로 세상에 말을 건다. 사람들이 선택한 방식을 무조건 따라갈 필요는 없다. 나와 세상을 연결할 수단이 무엇이든 용기를 내어 진심을 담는다면 그것으로 충분하다. 자신의 재능을 최대한 발휘하며 주어진 일에는 최선을 다하고 내가 하고 싶은 일에 온 열정을 쏟아 죽을 때까지 쓰임을 다하는 삶이야말로 최고 멋진 인생이 아닐까.

STEP 3

가치를 입히는
브랜딩 글쓰기

자아 성찰 1

▶ 내 안에 있는 것을 깊이 들여다보는 연습

영국의 소설가 대니얼 디포의 소설 《로빈슨 크루소》의 주인공 로빈슨 크루소는 바다를 정복하겠다는 꿈을 안고 선원이 된다. 항해를 하며 여러 차례 죽을 고비를 만나지만 선원의 삶을 포기하지 않는다. 그러던 어느 날 배가 폭풍을 만나 침몰하면서 혼자 외딴 무인도에 고립되고 만다. 그는 홀로 생활할 공간을 만들고 양식도 마련하며 살아가던 중 무얼 할까 궁리하다 책상과 의자를 만들어 일기를 쓰기 시작한다. 그는 외로움과 슬픔을 이겨내기 위해 불행한 점과 행복한 점을 써 본다.

종이 위에 한참을 써 내려가다 기분이 나아진 그는, 지금 이 순간에 감사한 마음이 들기 시작해 힘을 내기로 결심한다. 이처럼 글은 상황을 객관적으로 바라보게 함으로써 앞날을 긍정적으로 살아가게 해준다.

삶이 난관에 봉착했을 때 인간은 성찰을 한다. 과연 내가 잘 살고 있는지 되돌아보기 시작한다. 인생에 아무런 난관이 없다면 잠시 멈추고 삶을 돌아볼 기회를 얻지 못한다. 실제로 글쓰기 강의에서 만난 대부분의 사람들은 삶의 위기에 직면한 경우가 많았다. 이대로는 안 될 것 같은데 방법을 찾지 못해 글쓰기로 돌파구를 마련해 보고자 하는 분들이 많았다.

글쓰기 수업은 이론도 중요하지만 수강생들이 직접 글을 써 보는 것이 무엇보다 중요하다. '10분 글쓰기'를 진행하다 보면 태어나 처음으로 글을 써 본다는 사람들도 그 순간에는 몰입하는 모습이다. 글을 쓰며 자신이 가진 문제에 대해 깊이 고민하고 스스로 해답을 찾고자 노력한다. 우리는 나를 깊이 있게 들여다보지 못해 인생의 많은 문제에서 벗어나지 못할 때가 많다. 자신에게 충분한 힘이 있다고 믿지 않는 것이다.

나에게 책을 읽는 시간은 명상과 다르지 않다. 독서를 통해 사유하는 시간은 스스로를 돌아보게 한다. 책을 펼쳐 읽으면서 내 마음을 다스린다. 내 의지와 상관없이 이런저런 혼란스러운 감정에 끌려다니기 쉬운 이 삶에서 책이 아니라면 살아갈 수 없을 것 같아 읽는다. 지난날을 반성하고 매일 새롭게 태어난다.

쓰는 삶을 살아가기 전에도 가끔 책을 읽었지만 삶의 큰 변화를 가져오지는 못했다. 글을 쓰기 시작하면서 비로소 '진짜 독서'를 할 수 있었다. 나쁜 감정이 들 때 그 감정을 그대로 표현하며 타인을 향해 감정을 쏟아 내곤 하던 내가, 독서를 하면서 기다림의 지혜를 얻었다. 부정적인 감정이 들 때 의도적으로 자아 성찰의 시간을 가짐으로써 감정이 정리된다. 힘든 순간에 직면했을 때 그 상황에 매몰되기보다는 한발 물러나 해답을 찾는다. 자신을 너무 가까이에서 바라보는 것보다 조금 떨어져 바라볼 때 오히려 내가 가진 문제가 선명하게 보인다.

아무리 많은 책을 읽어도 자신의 삶을 돌아보지 못하고 변화시키지 못한다면 아무런 의미가 없다. 소설가이자 시인인 한승원 작가는 그의 저서 《한승원의 글쓰기 비법 108가지》에서 이렇게 말한다.

"글을 쓴다는 것은 그냥 일상을 기록한다는 것이 아니다. 생각 없는 일상의 기록은 우리 삶의 현상에 대한 기록일 뿐이다. 눈앞에 드러난 현상을 볼 뿐 진실을 보지 못한 글이라면 읽을 가치가 없다."

글 쓰는 이는 삶 속에서 진실을 찾아내기 위해서 진실이 어디에 있는지 항상 주의 깊게 살피고 성찰하는 가슴이 있어야 한다고 말한다. 책을 읽으며 삶을 바라볼 수 있는 사람, 사유하는 힘을 기른 사람만이 읽는 이의 마음에 닿는 글을 쓸 수 있다.

퍼스널 브랜딩을 위해 블로그 운영을 시작한 사람들이 많다. 하지만 단순히 블로그를 시작하는 것만으로 효과적인 퍼스널 브랜딩이 가능해지는 것은 아니다. 진정한 퍼스널 브랜딩은 내 안에 있는 것을 깊이 들여다보고 타인과의 연결점을 찾아 진정성 있는 글을 쓸 때 비로소 가능하며, 이러한 글을 공유함으로써 독자들의 기억 속에 의미 있게 각인될 수 있다. 읽는 이를 배려하지 않고 일기처럼 쏟아 내기만 한 글쓰기는, 사람들에게 공유하는 글에 적합하지 않다. 읽는 이의 관점에서 글을 써야 공감을 얻을 수 있다.

나는 힘든 마음을 어찌하지 못하는 사람들에게 글쓰기를 권한다. 글을 쓰기 전에는 타인에게 의존했던 마음이 글을 쓰면서 점차 제자리를 찾아가곤 한다. 우리는 글로써 내 안에 있는 것을 깊이 들여다보는 연습이 필요하다. 미국의 저널리스트 윌

리엄 진서는 그의 저서 《글쓰기 생각 쓰기》에서 이렇게 말한다.

"글을 쓰는 사람이라면 누구나 쉽게 상처받고 긴장하기 마련이다. 자신의 일부를 종이 위에 펼쳐놓아야 한다는 강박에 이끌리지만, 자연스럽게 나오는 그대로 쓰지 못한다. 집필이라는 것을 한답시고 앉아 있지만, 종이 위에 나타나는 자신은 글을 쓰기 위해 앉아 있는 사람보다 훨씬 뻣뻣하게만 보인다. 문제는 그런 긴장 뒤에 있는 진짜 자신을 발견하는 것이다."

그는 궁극적으로 글 쓰는 이가 팔아야 하는 것은 글의 주제가 아니라 '자기 자신'이라 말한다. 글을 쓴다고 해서 모두 자신에 대해 잘 안다고 확신할 수 없다. 얼마나 몰입해서 쓰는가에 따라 달라질 것이다. 글을 쓴 후 고치고 또 고치며 마음도 다듬고 또 다듬는다.

글을 쓰며 자아 성찰을 할 기회를 얻지 못했다면 지금의 내 모습은 상상하기 어려웠을 것이다. 지금 어떤 삶을 살아야 할지 답을 찾지 못한 사람에게 글쓰기를 권하는 이유다. 직접 경험해 보니, 이 경험을 모두와 함께하고 싶은 마음이 든다. 글쓰기를 시작할 수 있도록 동기부여하고 도움이 필요한 사람에게 딱 맞는 도움을 주기 위해 노력하며 살아간다. 내가 가진 것으로 창조적인 삶을 살아가고 싶다면, 다른 사람과 다른 나만의 길을 가고 싶다면 그 시작은 글쓰기가 되었으면 좋겠다. 내 안에 있는 소중한 것들을 깊이 들여다볼 수 있을 테니까.

즐거움 2

▶ 글쓰기의 즐거움을 얻기 위한 시간과 노력

우리는 하고 싶은 일을 할 때 활력이 생긴다. 요즘 나는 바쁜 일상에서도 블로그 1일 1포스팅을 하고 있다. 글쓰기에 관한 글을 꾸준히 올리면서 동기부여에 관련된 글도 자주 올려 블로그 이웃들로부터 좋은 평을 받고 있다. 의욕을 가지고 블로그를 시작하더라도 어느 순간 여러 어려움으로 인해 글 쓰는 즐거움을 느끼기도 전에 포기하는 경우가 많다. 그들에게 지속할 수 있는 힘을 주고 싶다. 다양한 분들과 소통하다 보면 개인적인 고민을 토로하는 분들이 있다. 글감에 대해, 소통의 어려움에 대해, 글을 잘 쓰는 방법에 대해 질문을 한다. 그들에게 나의 경험에서 얻은 것들을 전해주면서 보람을 느끼고 그 과정에서 더욱 친밀한 관계를 형성한다.

이러한 소통의 경험들은 내게 글쓰기가 단순한 기록 이상의 의미를 가질 수 있다는 것을 깨닫게 해주었다. 누군가에게 도움이 되는 글을 쓰고 싶다는 욕심이 생겼고, 더 나은 글쓰기를 위해 스스로를 단련하기 시작했다. 하지만 모든 즐거움이 그렇듯, 글쓰기의 즐거움 역시 하루아침에 찾을 수 있는 것은 아니었다. 어떤 일에서든 즐거움을 얻으려면 노력의 시간이 필요하다. 블로그를 오래 운영했지만 예전에는 즐거움을 크게 느끼지 못했다. 간간이 나의 활동들을 기록하는 수단으로만 활용했기 때문이다. 블로그 1일 1포스팅을 시작하면서 처음 100일 동안은 쉽지 않았다. 바쁜 시간을 쪼개 매일 블로그에 글을 쓰는 게 버겁기도 해서 소통에 많은 시간을 투자하지 못했다. 하지만 6개월, 1년, 2년이 넘어가면서부터 블로그에 글 쓰는 즐거움이 점점 커졌다.

이웃 중 한 분은 은퇴를 앞둔 소방공무원이다. 소방공무원으로서 소명을 가지고 살았던 시간을 블로그에 담아 많은 사람들에게 용기를 준다. 은퇴 후 글을 쓰며 살아가고 싶다는 명확한 목표를 가지고 즐겁게 글을 쓰며 이웃들과 소통한다. 나에게 수업을 들었던 한 분은 고등학교 교장으로 은퇴해 현재 블로그에서 꾸준히 글을 쓰고 계신다. 최근에는 '부모 교육'을 주제로 무료 온라인 강의를 했는데 이웃들의 반응이 좋았다. 처음에는 블로그에 글을 쓰고 소통하는 것에 시간이 많이 소요되어 힘들어하셨지만 지금은 힘듦보다 즐거움이 더 크기에 다양한 도전을 이어가고 계신다. 은퇴가 끝이 아니라 새로운 시작이 될 수 있음을 말해주는 분들이 늘고 있다.

열심히 글을 쓰다가 어느 순간 '블태기'에 빠지는 분들이 많다. 블태기란 '블로그 권태기'의 줄임말이다. 처음 같은 열정이 사라지기도 하고 글감 부족으로 글 쓰는 즐거움을 잃기도 한다. 글 쓰는 즐거움을 유지하려면 쓰는 시간보다 읽는 시간을 더 많이 가져야 한다. 인풋 없이 아웃풋을 기대하기 힘들고 스스로 동기부여를 할 수 없다면 글 쓰는 즐거움이 오래가지 못하기 때문이다. 따라서 글쓰기의 즐거움은 읽는 즐거움을 동반한다. 읽지 않고 머릿속에 있는 이야기만을 끄집어내려고 하면 한계에 부딪혀 글 쓰는 즐거움이 사라질 수 있다. 오히려 책을 읽으면서 내 삶을 더 잘 들여다볼 수 있고 생각지도 못했던 이야기가 떠올라 글감으로 활용할 수 있다. 그러니 쓸 거리가 없다면 책을 더 많이 읽기를 바란다. 읽는 즐거움이 커질수록 쓰는

퍼스널 브랜딩의 모든 것

즐거움도 커질 테니까.

나는 독서를 통해 글감을 만들어 내는 경우가 많다. 블로그에 글을 쓸 때든, 책을 쓸 때든 마찬가지다. 저자의 경험을 통해 내 기억을 떠올리고 하나의 배움을 얻으면 내 방식으로 흡수하며 또 하나의 글감을 만들어낸다. 독서가 단순히 '읽기'라는 목적이 되어서는 안 되며 쓰기 또한 '쓰기'만이 목적이 되어서는 안 된다. 읽기와 쓰기는 연결되어 있어 늘 함께 가야 한다. 결국 제대로 읽기 위해 글을 써야 한다. 글을 잘 쓰기 위해 읽는 이의 관점에서 늘 생각하며 써야 한다.

글쓰기의 중요성은 누구나 알고 있지만 잘 쓰기 위해 노력하는 사람은 별로 없다. 쓰기에는 인내가 필요하기 때문이다. 꾸준히 읽어야 잘 쓸 수 있고, 쓰면 쓸수록 더 잘 쓸 수 있다. 평소에 쉬운 책만 읽는 사람과 어렵지만 수준 높은 책을 읽는 사람의 글쓰기 실력은 같을 수 없다. 독해력이 쓰는 힘이 된다. 따라서 독서 수준을 높여 나가는 것도 하나의 도전이라 생각한다. 쉽지 않지만 여러 번 곱씹으며 자신의 것으로 만든 사람은 독서 수준을 꾸준히 높일 수 있다.

읽기 위해 읽는 책과 누군가에게 이야기하기 위해 읽는 책은 분명히 다르다. 제대로 설명하기 위해 더욱 꼼꼼하게 읽게 되고 그 과정에서 많은 것을 흡수하게 된다. 블로그에 글을 쓸 때 또는 책을 쓸 때 내가 읽었던 책을 인용할 때가 있다. 내가 전달하고자 하는 메시지에 힘을 실어주는 글을 인용한다. 인용한 글에 내 생각을 더 해 읽는 이가 쉽게 이해할 수 있도록 돕는다.

글쓰기가 어렵다고 말하는 사람들에게 나는 읽고 싶은 책을 읽은 후에 필사해 보기를 권한다. 자신의 생각을 글로 표현하기는 어렵다 해도 책 내용을 그대로 옮겨 적는 것은 누구나 할 수 있다. 글쓰기를 시작하는 단계에서는 글쓰기에 대한 진입 장벽을 낮추는 것이 필요하다. 멋진 문구를 필사만 꾸준히 해도 동기부여가 되어 좋은 글을 쓰고 싶다는 욕심이 생기기 때문이다. 좋은 글을 자신의 블로그에 소개하면서 생각을 덧붙이면 글쓰기 훈련을 하면서 생각하는 힘을 키울 수 있다.

많은 사람들이 글쓰기를 통해 원하는 것을 얻고 싶어 하지만 글쓰기를 시작한 후 자신의 글이 형편없다는 생각으로 그만두는 경우가 많다. 글쓰기를 지속하기 위해서는 본인이 즐거워야 한다. 처음부터 잘 쓰는 사람은 없다. 습관이 될 때까지 쓰는 사람과 도중에 포기하는 사람이 있을 뿐이다. 글 쓰는 즐거움을 느끼기도 전에 포기하는 사람과 글을 쓰는 즐거움을 알게 되어 지속적으로 쓰는 사람의 차이가 있을 뿐이다. 그래서 나는 글쓰기 수업을 할 때 수강생들에게 칭찬을 많이 해준다. 글쓰기를 시작했다는 것에 칭찬하고 잘 쓰고 싶다는 욕심을 가진 것에 칭찬하고 지속하기 위해 애쓰는 것에 칭찬한다.

간혹 긍정적인 피드백으로 인해 자신이 정말 글을 잘 쓴다고 착각하게 되면 어떡하나 고민하는 사람이 있다. 착각이면 어떠하랴. 무언가를 시작할 때 가끔은 이유 없는 자신감이 필요하다. 일단 시작해야 제대로 알 수 있고 실력을 키울 수 있기 때문이다. 때로는 결과보다 과정을 즐겨야만 얻을 수 있는 것들이 있다. 글쓰기가 바로 그런 분야다. 글쓰기는 부단한 노력과 끈기가 있어야 하기에 누구나 그런 실천을 하지 못한다. 쓰기에 대한 관심을 지속하기 위해 다양한 시도를 하는 사람만이 그 즐거움을 느낄 수 있고 결국 쓰는 삶을 존중하게 될 것이다.

공감

3

▶ 독자가 깊이 공감할 수 있는 글인가

글을 읽으며 사람이 보인다면, 그 글은 끌림이 있는 글이다. 글만 보이고 사람이 궁금하지 않다면 단순히 정보만을 주는 글이다. 읽으면 읽을수록 저자에 대해 궁금해지고 더 알고 싶다는 생각이 드는 글이 끌림이 있는 글이며 독자가 공감할 수 있는 글이다. 이러한 공감은 글쓴이가 자신의 진솔한 경험과 생각을 나눌 때 가장 깊이 형성된다.

나를 제대로 알리기 위해서는 다른 사람들에게 줄 수 있는 나만의 특별한 무기를 만들어 끌릴 수밖에 없는 이유를 만들어야 한다. 이때 말하는 끌림이란 '타인에게 도움이 되는 무언가'를 말한다. 진정한 공감은 바로 이런 순수한 도움의 의지에서 시작된다. 사람들은 누구나 자신에게 도움을 주는 사람에게 관심을 가진다. 단순히 자신을 홍보하기 위해 노력하는 사람의 글을 일부러 찾아가 읽지는 않는다.

이웃 중에 매일 시를 올리는 분이 있다. 시 속에는 삶의 철학도 있지만 특유의 유쾌함이 있어서 사람들이 그의 시를 읽으러 자주 찾아온다. 웃을 일 없는 일상에서 웃기 위해 방문하는 사람도 있을 것이다. 그의 시가 많은 이들의 공감을 얻는 이유는 바로 이런 진정성 있는 감정 교류에 있다. 글쓴이의 유쾌한 성격이 고스란히 묻어나는 시구들 속에서 독자들은 딱딱한 정보가 아닌, 살아있는 사람의 목소리를 듣는 것이다. 사람들은 이렇게 솔직한 글에 공감하고 끌린다.

글을 쓰기 시작하면서 생각을 자연스럽게 표현하는 훈련이 필요하다. 시든, 에세이든, 소설이든, 형식은 상관없다. 중요한 것은 내가 가진 차별화된 요소를 글에 담아내는 것이다. 한 인플루언서는 블로그나 SNS 글은 어느 정도는 공장처럼 찍어내는 게 필요하다는 말을 했다. 그런데 패턴대로, 공식대로 찍어내는 글이 과연 끌림을 만들 수 있을까. 내공을 쌓기보다는 단순히 숫자만 늘리려는 사람들이 많다. 과연 숫자를 많이 늘린다고 자연스럽게 브랜딩이 되는 것인지 생각해 봐야 한다. 조회 수를 올리고 '좋아요'를 많이 받으면 제품 협찬이나 원고료 등 혜택이 주어지기도 한다.

그런데 퍼스널 브랜딩과는 어떤 연관성이 있을까. 협찬을 받기 위해 블로그를 시작했다면 그 방식이 맞다. 하지만 그게 아니라면 방향을 잘못 잡은 것이다. 제품 협찬 글을 통해 많은 사람들이 방문했다면 그 제품의 홍보를 도운 것이지 내 브랜딩이 되는 것은 아니다.

많은 사람들이 퍼스널 브랜딩을 위해 블로그를 운영하고 있지만 단순히 검색에 걸릴 만한 정보 위주의 글을 쓰는 사람이 많다. 자신의 개성과는 무관한 콘텐츠로 블로그를 운영하는 것이다. 글이 쌓이면 쌓일수록, 이웃 수가 늘어날수록 브랜딩이 될 거라고 생각하지만 그런 방식으로는 달라지는 게 없다. 이런 글로는 차별화를 할 수 없다. 사람들의 공감을 받을 수 없다. 온라인에 올라와 있는 글을 참고해서 쓰기 때문이다. 방문자들은 단순히 검색으로 정보를 보고 나가는 경우가 많다. 정보가 충분하지 않다면 다른 글로 빠르게 이동한다. 글을 쓰는 '나'라는 사람에 대해서는 별 관심이 없다. 필요한 정보만 얻으면 그만인 것이다.

끌리는 글에는 공식이 없다. 나만의 색깔을 담아 진솔하게 써 내려가면 된다. 글을 하나씩 쓰고 사람들의 피드백을 받으며 수정 보완하며 나아가는 것이다. 어제보다 오늘 더 매끄러운 글이 되고 어제보다 오늘 더 솔직한 글이 된다. 그렇게 자신과 대화를 하며 마음을 열 수 있다면 나다운 글이 탄생할 수밖에 없다. 유명인의 글을 모방해야 한다는 편견을 버려야 한다. 퍼스널 브랜딩은 자신만의 색깔로 남들에게는 없고 자신에게는 있는 것을 만들어 가는 과정이다. 무엇으로 나를 차별화할 것인가를 고민하는 과정이다. 글을 쓰면서 나를 들여다보는 연습이 우선이고, 그다음이 브랜딩임을 기억했으면 한다.

대중의 관심사만을 좇아 글을 쓰는 것은 퍼스널 브랜딩에 도움이 되지 않는다. 조회수만을 생각하는 글쓰기는 일시적인 효과만 줄 뿐이다. 자신이 하는 일을 홍보만 하는 경우에도 매력이 없다. 나 역시 블로그를 처음 운영할 때는 검색이 많이 되는 키워드 위주로 제목을 지어야 한다는 생각이 강했다. 하지만 지금은 전달하고자 하는 메시지와 잘 어울리는 제목으로 자연스럽게 짓고 이웃들과 소통하는 시간에 투자하고 있다. 진정성 있게 소통하다 보면 그 사람에게 집중하게 되고 관심이 생기는 만큼 하고 있는 일을 들여다보게 된다.

어떤 스타일로 글을 쓰든 상관없다. 중요한 것은 글을 읽는 사람이 공감할 수 있는 이야기여야 한다는 것이다. 읽는 이를 고려하지 않고 내가 하고 싶은 이야기만 하는 글은 매력이 없다. 나만의 특별한 경험을 이야기하더라도 읽는 이로 하여금 함께 생각해 볼 수 있도록 이야기를 풀어가야 한다. 글을 읽으며 "나도 그래!"라고 맞장구를 쳐줄 수 있는 글이라면 충분하다. 짧은 글에서도 생각할 거리를 발견할 수 있을 때 우리는 좋은 글이라 말한다. 읽는 이에게 여운과 감동을 남길 수 있는 나만의 글을 썼으면 좋겠다.

가치

4

▶ 내 글은 특별한 가치를 품고 있는가

얼마 전 소상공인들을 대상으로 하는 이벤트를 기획 중인 기업에서 내 블로그에 자신들의 이벤트를 소개하는 글을 올려달라는 제안을 받았다. 유명한 인플루언서를 섭외할 수도 있었을 텐데 나를 선택한 이유가 궁금했다. 알고 보니 최근 몇 년간 소상공인들을 대상으로 창업 멘토링을 진행한 이력과 소상공인들에게 도움이 되는 글을 발행했던 일의 가치를 높게 평가한 것이었다. 자신들이 기획한 이벤트를 단순히 많은 사람에게 노출하기 위한 것이 아니라, '소개할 자격'이 있는 사람을 선택한 것이라는 말을 듣고 내 경험과 글의 가치를 다시 한번 생각하게 되었다.

우리가 쓴 글의 가치는 숫자로만 평가할 수 없다. 나는 구독자가 많은 유튜버도 아니고 팔로워가 많은 인플루언서도 아니다. 나의 가치를 제대로 보여주기 위해 글쓰기를 멈추지 않고 있으며 단지 팔로워 수를 늘리기 위해 에너지를 쏟지는 않는다. 평범한 일상에서 시야를 넓힐 수 있는 글을 쓰려고 노력한다. 그러기 위해 쓰는 시간보다 생각하는 시간을 더 많이 갖는다. 누구나 할 수 있는 말이 아니라, 나만이 할 수 있는 말을 하기 위해 애쓴다. 내 글의 가치를 높이고 차별화하기 위해서다. 나만의 생각을 글에 담기 위해 애쓰고 있고 그 시간이 쌓이면서 '나'라는 브랜드의 힘이 강해짐을 느낀다.

블로그 이웃들과 긴밀하게 소통하며 그들이 가진 고민을 파악할 수 있었다. 자신의 글이 어떤 가치가 있는지, 과연 읽는 사람을 위한 글이 맞는지 확신이 서지 않는다는 고민이 많았다. 어떤 분야의 글이든 상관없이 글을 쓰면서 생각하는 훈련이 필요하다. 모든 글에는 독자가 존재함을 잊지 않아야 한다. 처음부터 읽는 이의 마음에 닿는 글을 쓰는 건 불가능하다.

양적 성장 없이는 질적 성장을 이루기 어렵다. 부지런히 쓰는 사람만이 자신의 글이 가치 있는가를 고민한다. 노력한 만큼 더 잘하고 싶다는 생각이 들기 때문이다. 그러니 글을 쓰면서 이런저런 고민이 된다면 '내가 성장하고 있구나.'라고 생각하면 좋겠다. 대단한 작가라고 해서 첫 문장부터 그럴듯하게 잘 쓰는 것은 아니다. 글로써 누군가에게 도움을 주고 싶다는 진심이 있다면 누구나 가치 있는 글을 쓸 수 있다.

꼭 실질적인 도움을 주어야만 글이 가치 있는 것은 아니다. 시를 읽는다고 당장 돈을 버는 데 도움이 되지 않는다. 하지만 시를 읽으며 사색의 시간을 가질 수 있다는 가치가 있다. 짧은 글에서도 인생을 들여다볼 수 있으니 얼마나 좋은가. 글을 읽으면서 마음이 따뜻해지고 그리운 사람이 생각나 눈물이 난다거나 재밌어서 웃음이 난다면, 이는 독자에게 도움이 되는 글이다. 그러니 독자의 관점에서 쓰는 글이라 해서 직접적인 도움을 주어야 한다는 부담을 내려놓았으면 한다. 우리는 당장 어떤 보상을 얻기 위해 글을 읽는 것이 아니다.

퍼스널 브랜딩을 위해 블로그 글쓰기를 시작한다면 브랜딩에 도움이 되는 주제를 정하는 것이 좋다. 어떤 분야에서 탁월해지고 싶은지, 어떤 브랜드가 되고 싶은지 고민하고 시작한다면 시행착오를 줄일 수 있다. 중요한 것은 자신이 아는 것을 자랑하기 위해 쓰는 것이 아닌, 독자들에게 도움이 되는 글에 초점을 맞추는 것이다. 타인에게 도움을 줄수록 브랜드의 가치가 상승하고 강화된다.

서평 전문가가 되고 싶다면 꾸준히 책을 읽고 전문성 있는 서평을 쓰도록 훈련해야 한다. 남들이 쉽게 쓰지 못하는 책에 대해 나만의 관점으로 쓰는 연습을 한다면 차별화될 수 있다. 처음부터 쉽지는 않을 것이다. 비교적 쓰기 쉬운 책의 서평부터 시작해 점차 자신의 전문성을 드러낼 수 있는 서평으로 발전시켜 나가면 좋겠다. 읽는 이들에게 새로운 관점을 제시할 수 있다면 그것으로 충분하다. 책을 비판할 때는 제대로 이해한 후 설득력 있게 풀어내야 한다. 감정적으로 치우친 서평은 오히려 독자들에게 신뢰를 주지 못하므로 쓰지 않는 편이 낫다.

만약 재테크 분야에서 전문가로 인정받고자 블로그를 운영한다면 자신이 알고 있는 것과 배우고 있는 것들에 대해 진솔하게 글을 쓰면 된다. 다른 전문가들이 놓친 것은 무엇인지 고민해 보고 그에 대한 조언을 덧붙이는 것만으로도 충분히 가치를 더할 수 있다. 시야를 넓히기 위해 그 분야의 책을 부지런히 읽었으면 한다. 또한, 편협한 사고를 갖지 않기 위해 다른 분야의 책도 함께 읽어 나가면서 지식을 융합해 나간다면, 독자들에게 훨씬 더 유익한 정보를 제공할 수 있고, 동시에 탄탄한 개인 브랜드를 구축할 수 있을 것이다.

일상에서 작은 소재를 끄집어내어 자신만의 관점으로 글을 써 보는 것도 좋다. 특별한 전문성을 갖춘 글이 아니어도 괜찮다. 개인의 깊은 사유에서 나온 글은 편견을 깨고 생각의 폭을 넓혀준다. 일상 글을 꾸준히 쓰다 관심 분야가 생기면 그때 그 분야의 공부를 확장해 나가면서 전문성을 키워나가면 된다. 처음부터 특별함을 찾으려고 너무 애쓰기보다는 일단 쓰면서 배움을 병행하고 그것에서 얻은 것들을 나누고자 하는 따뜻한 마음을 가졌으면 한다. 진심은 반드시 통하기 마련이다.

미국의 베스트셀러 작가이자 심리학자 웨인 다이어는 그의 마지막 작품 《우리는 모두 죽는다는 것을 기억하라》에서 다음과 같은 말을 남겼다.

"당신의 글은 당신이 지금껏 살지 않은 방식을 보여줄 수 있어야 한다. 나아가 글쓰기가 당신의 행동과 경험이 아니라 당신 존재 그 자체에 대한 증명일 때 탁월해진다. 당신의 글을 읽는 사람들은, 당신이 그동안 보여준 것이 아니라 보여줄 수 있는 것에 기대를 건다는 사실을 명심하라."

우리는 매일 글을 쓰며 새로운 나로 태어날 수 있다. 쓰면서 내가 원하는 삶의 가치는 무엇인지 찾아갔으면 한다. 삶과 일치하는 글을 쓰기 위해 노력하는 사람만이 독자에게 진한 감동을 전할 수 있다. 읽는 이가 글을 통해 마음으로 그 진심을 느끼고 더 나은 삶을 살고 싶다는 생각을 하게 된다면, 그것이야말로 가치 있는 글이 아닐까.

끈기　　5

▶ 끝까지 써 봐야 알 수 있는 것들

　　수강생 중 한 명은 직장에 다닐 때부터 꾸준히 블로그 글쓰기를 시작해 2년 만에 퇴사를 했다. 직장에서의 월급보다 더 많은 수입을 창출하면서 자신감을 얻었다. 말이 2년이지, 보통 사람들이 쏟는 열정과는 비교되지 않을 정도로 많은 노력을 쏟은 결과다. 꾸준히 글을 쓰고 다양한 모임을 만들면서 사람들과 진심으로 소통하며 성장을 돕자 수입이 늘어나기 시작했다. 만약 중간에 포기했다면 자신의 가능성을 깨닫지 못했을 것이다. 끈기 있게 다양한 시도를 했기 때문에 자신이 생각해도 놀랄 만큼 성장할 수 있었다.

　　꾸준히 글을 쓸 수 있는 특별한 비결이 있느냐고 묻는 사람들의 말에 나는 "그냥 계속 쓴다."고 대답한다. 한 권의 책을 쓴 후 자연스럽게 다음 책을 기획한다. 때로는 책을 쓰고 있는 중에 다음 책의 주제를 결정하기도 한다. 기쁠 때도 슬플 때도 절망적인 순간에도 말할 수 없이 행복한 날에도 당연하다는 듯 글을 쓴다. '그냥' 쓰지만 매번 나를 넘어서는 끈기가 필요하다.

글쓰기는 당장의 삶에 이익을 주지 못하기에 관심이 없다고 말하는 사람이 많다. 투자를 할 때 단기적인 안목이 아닌 장기적인 안목이 필요하듯 글쓰기도 마찬가지다. 얼마 전 나의 스승님이신 드라마 작가 송정림 선생님을 만났다. 선생님은 바쁜 와중에도 흔쾌히 시간을 내어 주셨다. 문득 선생님이 수업 때 하셨던 말씀이 생각났다.

"나는 여러분들이 평생 글을 쓰는 글쟁이로 살아갔으면 합니다."

선생님의 말씀에 나는 죽을 때까지 글쟁이로 살아가야겠다는 결심을 했다. 선생님과 만나 많은 이야기를 나눴다. 꾸준히 집필을 하고 계신 선생님을 보며 동기부여가 많이 되었다. 드라마 작품을 하지 않을 때는 꾸준히 책을 쓰면서 매일 글을 쓰는 삶을 살아가고 계신다고 했다. 선생님은 나를 보며 드라마 작가를 꿈꾸는 수많은 제자들이 있지만 본인처럼 꾸준히 책을 쓰는 제자가 있어서 너무 반갑다는 말씀을 해주셨다. 선생님을 보며 무엇을 하든 끈기 있게 해내는 사람만이 자신이 원하는 삶을 살게 된다는 확신을 얻는다.

블로그를 운영하다 보면 새로운 만남과 이별이 반복해서 찾아온다. 열정적으로 블로그를 시작해 매일 꾸준히 글을 쓰다가 어느 순간 블로그를 접곤 한다. 사람들에게 가장 필요한 것은 '지속하는 힘'이다. 시작할 때의 다짐과 기대는 시간이 흐르면서 힘을 잃어가는 경우가 많다. 열정은 사라지고 기대에 미치지 못한다고 느낄 때 쉽게 포기한다. 이런 자신의 모습을 잘 인식하기에, 가끔은 스스로의 나약함을 인정할 수밖에 없다. 그래서 대부분의 사람들은 끈기 있게 행동하는 사람을 가치 있다고 여기며 좋아한다. 특히 SNS나 블로그를 통해 꾸준히 자신의 이야기를 들려주는 사람들의 글에 더욱 끌리게 된다. 매일 나로 살아가고 있음을 글로 증명하고 있는 모습이 자극이 되고 동기부여가 되기 때문이다.

쉽게 얻을 수 있는 것은 세상 어디에도 없다. 나만의 브랜드를 만들어 가는 과정은 더욱 어려운 일이다. 당장 가시적 성과가 없어도 꾸준히 기록하는 끈기가 있어야 한다. 좋아하는 것을 시작해서 끝까지 해내는 사람이 드문 세상이다. 우리의 관심을 끄는 것은 수없이 많다. 끝까지 해 보지 않고서 자신과 맞지 않다고 속단하지 말자. 글쓰기도 예외는 아니다. 글쓰기의 중요성을 모르는 사람은 없지만 그 가치를 믿고 지속하는 사람은 드물다. 노벨문학상을 받은 소설가 한강은 2016년《채식주의자》를 통해 맨부커상 인터내셔널 부문 수상자가 된 후 네이버 라이브 대담 '한강에게 흰을 묻다'에 출연해 현실적인 상황 때문에 글쓰기를 포기하고 싶었던 때가 있었냐는 독자의 질문에 이런 말을 했었다.

"돈을 벌러 다닐 때는 새벽에, 밤에, 주말에 글을 쓰고 체력을 비축했다가 힘이 나면 또 쓰고 그런 방식으로 글을 쓰기도 했고요. '제가 잘 쓸 수 있을까 하는 회의'가 사실은 가장 큰 적이었어요. 그런데 그럴 때마다 생각했던 것은 '내가 잘 쓸 수 있을까' 하는 회의보다 먼저 글을 쓰는 게 저에게 너무 절박하다는 사실, 간절하다는 사실, 그걸 먼저 기억하려고 했고 그러다 보면 결과를 생각하지 않고 조금씩 쓸 수 있었다고 생각이 됩니다."

글이 잘 써지지 않을 때도 절박함으로 끈기 있게 써 왔기에 지금의 영광을 누리게 되었을 것이다. 절박함으로 끝까지 해내는 사람은 결국 원하는 것을 얻게 된다. 끝까지 써 보면 알게 될 것이다. 단순히 브랜딩을 넘어, 더 나은 삶을 살기 위해 그리고 나로서 존재하기 위해 글쓰기는 반드시 필요하다는 것을.

소통 6

▶ 나에게 열광하는 단 한 명의 팬을 만들어라

~~~signature~~~

L은 바쁜 일상을 보내면서도 부지런히 블로그와 SNS를 운영하고 있다. 그러다 보니 콘텐츠를 제작하느라 늘 바쁜 시간을 보내고 있다. SNS에서는 노력한 만큼 '좋아요'를 받기가 비교적 쉬웠지만 블로그는 반응이 시큰둥하다고 하소연한다. 콘텐츠 방향이 잘못되었나 싶어서 나에게 조언을 구해왔다. 상황을 자세히 파악해 보니, 이웃과 소통하는 데 시간을 전혀 투자하고 있지 않았다. 자신의 글에 반응을 보이는 댓글에도 무심했다. 콘텐츠를 올리기만 하면 자연스럽게 사람들이 반응을 보일 거라 기대했던 것이다.

나는 그녀에게 좋은 콘텐츠를 연구하고 발행하는 것도 중요하지만, 이웃들과 진정성 있게 소통하며 그들이 가진 문제를 파악하고 거기에 맞는 도움을 주는 것에 초점을 맞추면 좋겠다고 조언했다. 콘텐츠의 명확한 방향을 설정하기 위해 소통 시간도 중요하다는 것을 강조했다. 나의 조언에 그녀는 생각을 바꾸어 일주일에 하루 정도는 아예 소통만 해야 할지 고민했지만, 그 또한 좋은 방법은 아니라고 말했다.

우리는 종종 자신이 부족한 부분에 너무 힘을 주는 바람에 오히려 흥미를 잃게 되는 경우가 많다. 적절한 선에서 부담 없이 지속해야 하는데, 초반에 너무 고민하고 힘을 주어 결국 중간에 포기하게 된다. 브랜딩을 위해 온라인 활동을 할 때는 각 채널에 맞는 활동을 미리 계획하고 진행하는 것이 좋다.

적극적인 소통으로 이웃이 늘어날수록 내 글을 읽어줄 사람도 늘어나기 때문에 검색 유입에 대한 부담도 자연스럽게 줄어든다. 네이버 블로그 운영을 1순위로 두고, 여력이 된다면 인스타그램, 스레드, X(구 트위터), 유튜브 등을 병행하는 것이 좋다. 나는 운영하고 있던 유튜브 채널의 이름을 최근에 '허스타우먼 허지영TV'에서 '허지영작가 TV'로 변경했다. 블로그에 올리는 글의 내용을 영상으로 찍어서 올리고 있다. 블로그에 글을 올릴 때 영상을 함께 소개하니 이웃들의 만족도가 높았다.

인스타그램 등 SNS 또한 소통에 소홀해서는 안 된다. 인스타 그램에서는 그 공간을 좋아하는 분들과 소통한다. 많은 시간을 투자하지는 못하더라도 쌍방향 소통을 하려고 노력한다. 처음 방문한 사람이 내 피드를 훑어보면서 어떤 주제로 운영하는 사람인지 빠르게 파악할 수 있도록 세팅하는 것이 좋고 일관성이 있을수록 브랜딩에 유리하다. 하지만 초반부터 완벽하게 기획하고 시작하기란 어렵다. 다양한 시도를 통해 자신에게 맞는 방향을 잡았다면 그 방향으로 지속하기 위한 노력이 필요하다.

나는 '캔바(Canva)'라는 사이트를 통해 콘텐츠 제작을 할 때가 많다. 유료 디자인도 좋지만, 먼저 무료 디자인부터 활용해 보자. 영상 편집은 '블로(VLLO)'라는 앱을 활용해 모바일로 하고 있다. 기술적인 능력이 충분하지 않다면 완벽함을 추구하기보다는 쉬운 방식으로 시도해 보는 것이 중요하다. 차츰 실력이 향상되고 나면 더 나은 방식을 자연스럽게 찾아갈 수 있기 때문이다.

최근에 디자이너로 일하는 블로그 이웃의 이벤트에 참여한 적이 있다. 현재 기업에서 일을 하면서 독립을 위한 노력을 하고 있었다. 나는 운이 좋게 이벤트에 당첨되어 블로그 디자인을 멋지게 바꿀 수 있었다. 그녀는 나와 지속적으로 소통하면서 브랜딩에 도움이 되는 디자인을 구현하기 위해 애써 주었다. 블로그의 방향성에 맞는 디자인을 완성하기까지 나에게 많은 질문을 던졌고 함께 고민하면서 만족스러운 결과물을 만들었다.

그녀가 회사로부터 독립한 이후에도 잘 해낼 거라는 확신이 들었다. 그녀는 작업을 하면서 스스로 공부가 많이 되었다고 한다. 자신이 가진 재능을 아낌없이 제공하는 모습에서, 탁월한 실력을 넘어서는 겸손한 태도에서 큰 감동을 받았다. 브랜딩을 위한 디자인을 고민하는 사람이 있다면 주저하지 않고 그녀를 추천할 것이다. 이미 그녀의 팬이 되었기 때문이다.

이처럼 내 색깔을 입힌 디자인에 관심을 가지는 팬을 한 명씩 확보해 나간다면 직장으로부터 독립했을 때 큰 힘이 될 것이다. 안정적인 수입이 보장될 때 다양한 시도를 해본다면, 시간은 부족할지 몰라도 도전하는 마음은 더욱 즐거울 거라 생각한다.

꾸준한 소통은 글감이 부족하다 느낄 때도 빛을 발한다. 이웃들에게 질문을 받아 취합하면 그것이 글감이 된다. 이웃들이 남겨준 고민을 함께 해결하는 과정을 글로 쓰는 것이다. 고민을 남긴 사람과 비슷한 생각을 가진 사람이 많다면, 공감하는 독자도 자연히 많아질 것이다. 누군가의 문제를 해결해 주는 것은 나를 빠르게 브랜딩할 수 있도록 해준다. 고객의 문제를 해결해 주는 상품이 사랑받는 것처럼 말이다.

나는 블로그를 통해 식품을 구매한 적이 많다. 판매자가 생산 과정을 진정성 있게 포스팅한 글을 보고 신뢰해서 구매하곤 한다. 한 번은 교육생이 보내준 비트 진액과 분말을 먹어보고 블로그 이웃들에게 소개했다. 평소에 제품을 소개하는 일이 거의 없기 때문에 자주 소통하던 이웃들이 제품에 관심을 보였다. 반면, 평소에 나와 소통이 없던 사람들은 검색을 통해 글을 접하게 되더라도 단순히 광고라고 생각할 뿐 구매로 이어지기는 쉽지 않을 것이다.

일반적으로 제품에 초점을 맞추면 가격 경쟁에서 자유로울 수 없다. 하지만 SNS 운영을 통해 판매자로서 신뢰를 쌓고 팬을 확보하면 가격 경쟁의 부담에서 벗어날 수 있다. 요즘은 직장 생활을 하면서 판매를 병행하는 사람들이 많다. 블로그를 통해 나를 브랜딩하는 데 초점을 맞추면 이후 무엇을 판매하더라도 거부감을 덜어낼 수 있다. 무형의 서비스를 판매하는 것도 마찬가지다. 진정성 있게 소통을 한 지 일주일이 되지 않은 이웃들이 나의 책에 관심을 가져주고 책을 구매해 읽은 뒤 리뷰를 올려주기도 한다. 나와 소통하며 친밀감을 느끼고 내가 쓴

퍼스널 브랜딩의 모든 것

책을 읽어본 후 나에게 코칭을 의뢰하는 경우가 많다.

진심으로 소통할 수 있는 단 한 명의 팬이 가진 힘이 얼마나 큰지 절실히 느끼고 있다. 나 또한 블로그에 온기를 불어넣으며 책을 완성할 힘을 얻고 있다. 마음을 담아 글을 쓰고 진심을 다해 소통하면서 단 한 명이라도 좋으니 팬을 만들어보자.

겸손 7

▶ 브랜딩을 위한 글쓰기에는 완성이 없다

나는 내가 일하고 있는 분야에서 영향력 있는 브랜드가 되기 위해 꾸준히 노력하고 있다. 실력을 갈고닦지 않으면 오래 할 수 없고, 오래 할 수 없다면 기회는 오지 않는다. 브랜딩을 위해 글을 쓰면서 어느 정도 입지가 생기면 그만두어야겠다는 생각은 해본 적이 없다. 죽을 때까지 글을 쓰는 작가로 세상에 이름을 남기고 싶다. 내가 세상을 떠나도 내가 쓴 글은 여전히 남아 사람들에게 도움을 줄 수 있으면 좋겠다. 적어도 10년 이상은 노력해야 쉽게 사라지지 않는 브랜드를 만들 수 있을 거라 생각한다. 그러니 몸담은 분야에서 아직도 경쟁자가 많다고 한탄해서는 안 될 것이다.

간혹 운이 좋아 초반에 좋은 성과를 얻으면 초심을 잃어버리는 사람들이 있다. 배움을 멈추고 자신의 주장을 관철시키기 위한 글만 쓰는 경우도 있다. 사람들은 성장 없이 매번 같은 말을 하는 사람을 신뢰하지 않는다. 초반에는 추종하더라도 시간이 지나면서 자연스럽게 관심에서 멀어지는 경우가 많다. 사람들로부터 인정을 받을수록 겸손한 태도가 얼마나 중요한지, 겸손과 성장은 떼어서 생각할 수 없다는 것을 깨닫는다.

얼마 전 나에게 책 쓰기를 배우고 책을 출간한 수강생의 북토크에 참여했다. 그가 미니 특강을 부탁하기에 '퍼스널 브랜딩을 위한 책 쓰기' 관련 강의를 진행했다. 강의에 참여한 사람들은 대부분 브랜딩을 위해 글을 쓰고 있는 사람들이었다. 사람들은 한 권의 책을 쓰기도 힘든데 어떻게 지속적으로 책을 써 왔는지 궁금해했다. 질문에 대해 "좋아하는 일을 지속하기 위해서는 무엇보다 겸손한 태도가 중요하다."고 답했다. 아무리 큰 열정을 가지고 노력해도 겸손함이 없다면 결국 무너질 수밖에 없으며, '이 정도면 충분하다.'고 생각하는 순간 성장은 멈춘다는 점을 강조했다.

최근에 수강생 한 명은 이름만 들어도 다 아는 유명인의 글쓰기 강의를 들었다. 온라인으로 수십 명이 수업을 듣는 방식이었기 때문에 개별적인 피드백을 꼼꼼하게 받기 힘들었다고 한다. 몸값이 비싼 만큼 시간이 돈이라는 것은 이해하지만, 수업 시간을 정확하게 맞추느라 늘 아쉽게 마무리를 해서 불만이었다고 한다. 수업 내용보다는 본인의 시간이 훨씬 중요한 사람이라는 것을 느꼈기 때문에 실망했던 것이다. 유명할수록 더욱 겸손해야 한다고 생각한다. 돈을 쉽게 벌수록 돈의 가치를 잊어서는 안 된다.

성과를 얻기 시작하면 초심을 잃어버리는 사람들이 많다. 실력이 좋으면 오래 살아남겠지만 인격이 부족하면 결국 무너질 수밖에 없다. 긍정적인 입소문보다 부정적인 입소문이 훨씬 빠르게 퍼진다. 홀로 창업을 했을 때나 1인 기업가로 살아가는 지금도 이 원칙은 변함이 없다. 실력은 기본이다. 더 큰 성장을 해나가기 위해서는 겸손한 태도로 배움을 이어가고 사람들을 존중하는 마음이 필요하다.

블로그만 들여다봐도 자신이 전문가라고 말하는 사람들이 셀 수 없이 많다. 무조건 자신이 알고 있는 것이 정답이라고 생각하는 것만큼 어리석은 것은 없다. 고대 그리스의 철학자 에픽테토스는 "자기가 이미 알고 있다고 생각하는 것을 배우기란 불가능하다."는 말을 했다. '아직 부족하다.'는 생각은 당신을 지속적인 성장으로 이끌 것이다. 자신의 부족함을 깨닫는 겸손함과 자신감을 잃지 않는 태도가 만나면 더 강해질 수밖에 없다.

자신을 과신하는 사람들은 배움에서 멀어짐과 동시에 타인에 대한 비방을 쉽게 한다는 공통점이 있다. 자신과 생각을 달리 하는 사람들을 비난하고 소외시키기를 주저하지 않는다. 그런 부정적인 행동을 통해 자신이 어떤 사람인지 제대로 확인받고 싶어 한다. 남을 깎아내림으로써 자신이 높아질 거라는 착각을 할 뿐 아무도 동의하지 않는다. 미국의 사상가이자 전략가 라이언 홀리데이가 그의 저서 《에고라는 적》에 남긴 말을 새겨들으면 좋겠다.

"자기의 에고(ego)를 잘 다스려온 사람은, 다른 사람들이 자기를 함부로 대한다고 해서 자기의 격이 떨어지는 것이 아니라 그들의 격이 떨어질 뿐이라는 사실을 잘 안다."

애정 가득 담긴 조언을 해주는 사람이 곁에 없을 때 우리는 에고와의 싸움에서 실패할 수 있고 그동안 쌓아 온 모든 것들이 한순간에 무너지는 일을 겪을 수도 있다. 매일 자신을 들여다보고 마음을 다듬으며 새롭게 태어나야만 한다. 자신의 에고가 스스로를 무너뜨리지 못하도록 겸손한 마음을 잃지 말아야 한다.

STEP 4

내 이름이
브랜드가 되는
책 쓰기

책을 쓰기 전에 꼭 알아야 할 것들 1

1) 왜 책 쓰기인가:
퍼스널 브랜딩을 위해 책 쓰기가 필요한 이유

책을 읽는 사람은 줄어들고 있지만 쓰는 사람은 늘어나고 있다. 자신을 알리기 위한 다양한 수단들이 많은데 왜 유독 책 쓰기에 관심을 가질까. 나는 책을 쓸 수 있다는 대단한 확신은 없었지만 인생을 바꾸고 싶다는 간절함이 있었다. 책을 쓰면서 내가 가진 것들이 다른 누군가에게 도움이 될 수 있다는 믿음이 생겼고 그 과정에서 내가 어떤 존재인지 선명하게 보였다. 사회에서 내 이름을 걸고 당당하게 일을 하고 싶다는 강한 욕구가 생긴 건, 책을 쓰면서부터다.

　다양한 온라인 활동을 하더라도 책 쓰기를 늘 1순위로 생각하는 이유는, 책은 그 자체로 강력한 힘을 발휘한다는 것을 알기 때문이다. 책은 사람들로 하여금 나에 대해 제대로 정의할 수 있게 해주는 특별한 콘텐츠라는 생각이 든다.

　요즘은 다양한 SNS와 여러 매체를 통해 자신을 알리고 수익을 창출하기 위해 많은 사람들이 고군분투한다. 온라인에서 활발하게 활동하다가 자의든 타의든 다양한 이유에서 갑자기 사라지는 사람들도 많이 보인다. 더욱이 나는 SNS 채널을 해킹당한 경험이 있기 때문에 SNS에 기록한 내용은 언제라도 먼지처럼 사라질 수 있다는 것을 알게 되었다. 하지만 책이라는 것은 다른 매체에는 반드시 존재할 수밖에 없는 한계를 뛰어넘을 수 있게 해준다는 것도 깨닫게 되었다. 그 결과 지속적인 브랜딩을 위해 꾸준히 책을 써야겠다고 다짐했다.

　어제 수강생 한 분이 출간 계약을 했다. 그녀는 천연 화장품 사업을 운영하는 대표다. 아이의 아토피 피부를 개선하기 위해 화장품을 만들었는데 주변 사람들까지 그 효과를 경험하면서 입소문을 타기 시작해 자연스럽게 사업으로 이어졌다. 제품을 제대로 사용해 보지 않은 고객 때문에 마음에 상처도 받았지만 믿고 쓰면서 회복된 사람들을 보며 힘들어도 사업을 포기하지 않았다. 그 결과 1~2천여 명이 피부 개선 효과를 보면서 입소문이 났다. 그녀가 책을 쓴 이유는 광고가 아닌 진정성 있는 스토리로 자신과 자신이 하고 있는 일을 세상에 알리고 타인에게도 도움을 주고 싶다는 확고한 마음 때문이었다.

퍼스널 브랜딩을 위해 책 쓰기가 필요한 첫 번째 이유는, 자신의 책을 통해 더 넓은 시장에서 전문성을 알릴 수 있기 때문이다. 실제로 많은 전문가들이 자신의 이름과 역량을 세상에 알리기 위해 책을 출간한다. 나 역시 더 많은 사람에게 전문성을 인정받고자 책을 썼다. 이는 새로운 기회로 이어졌는데, 현재 내가 하는 대부분의 일이 책을 통해 연결된 것들이다. 특히 영향력 있는 기관이나 기업에서의 업무 제안들은 모두 책 출간을 계기로 이루어졌다. 코로나가 시작된 후에도 쉬지 않고 책을 썼기에 강의 환경의 변화에도 도태되지 않고 오히려 많은 기회를 얻을 수 있었다. 다른 채널보다 책을 통해 나에게 협업을 요청하는 사람들이 나에 대한 신뢰가 컸다. 내가 어떤 과정으로 지금까지 왔는지 이미 파악이 된 상태에서 연락을 하기 때문에 업무적인 소통이 원활하게 이루어진다.

꼭 책이 아니어도 자신을 세상에 알리는 여러 매체가 있겠지만 책이 더 효과적인 이유는 쓰는 과정에서 자기 성찰과 집중적인 공부가 이루어져 신뢰와 전문성을 함께 전달할 수 있기 때문이다. 상황이 어떻든 간에 전문성을 키우기 위해 노력하는 사람은 다른 사람들의 눈에 띌 수밖에 없고 그 매개체가 책이라면 더 효과적임을 경험으로 깨달았다.

두 번째 이유는 책 쓰기를 통해 자신의 경험과 지식을 나누어 타인의 성장을 도울 수 있기 때문이다. 세상에는 수많은 문제가 존재한다. 그동안 자신의 노력으로 얻은 지식과 노하우를 책을 통해 나눈다면 비슷한 상황에서 어려움을 겪는 사람들에게 도움이 될 수 있다. 사람은 누구나 혼자서 성공하는 것보다 타인의 성장을 도울 때 삶의 가치를 깨닫는다. 자신감이 없던 사람도 누군가를 도와줄 때는 용기를 내기도 한다. 바로 그 마음으로 책을 쓴다면 중간에 포기하고 싶다는 마음이 들더라도 이겨낼 수 있다. 초심을 한결같이 유지하며 책을 쓰기 위해서는 자신의 이익을 넘어선 비전이 필요하다.

H는 치매 노인전문간호사로 현재 책 출간을 기다리고 있다. 그녀는 10년 동안 돌봄 현장에서 보고 배우고 느낀 모든 것을 책에 녹여 냈다. 그녀는 책을 통해 치매 노인들을 바라보는 사

람들의 관점을 변화시키고 제대로 된 돌봄 시설의 필요성을 전하고 싶다는 마음이 간절하다. 치매 노인들이 좀 더 존엄성 있는 케어를 받을 수 있는 치매 전담 센터를 만들고 싶다는 비전이 있기에 좋지 않은 컨디션에서도 책을 써낼 수 있었다. 책 출간 이후에는 다양한 곳에서 치매 노인들을 돕고 싶다는 꿈이 있다.

책을 쓰고 자신의 일을 해나가는 사람들은 타인이 가진 고민을 함께 해결하며 퍼스널 브랜드로 성장해 나간다. 나는 첫 책을 쓴 후, 차별화된 브랜딩을 위해서는 지속적인 책 쓰기가 필수임을 깨달았다. 책 출간 이후 처음으로 강의와 컨설팅을 시작할 수 있었기 때문이다. 책을 쓰지 않았다면 경험할 수 없었던 특별한 기회들이 찾아왔다. 방송 출연, 유명 잡지사 인터뷰 등의 기회는 더 큰 비전을 향해 나아갈 힘을 만들어 주었다. 내가 만약 한 권의 책만 쓰고 더 이상 쓰지 않았다면 더 이상의 성장은 기대할 수 없었을 것이다. 쓰면 쓸수록 배움의 욕구가 커졌고 활동 분야를 확장하고자 하는 열망이 생겼다. 관심사가 늘어나면서 자연스럽게 다양한 분야의 책을 쓸 수 있었다. 돌이켜 보면 각 분야가 다르지만 서로 연결되어 교육을 통해 더 많은 도움을 줄 수 있었다고 생각한다.

이미 많은 책을 낸 사람들이 또다시 책을 쓰는 이유도 마찬가지일 것이다. 배움을 이어가면서 더욱 차별화되고 견고한 나만의 브랜드를 만들기 위함일 것이다. 즐길 거리가 많아지는 세상에서 지속적으로 책을 쓰는 것은 아무나 할 수 있는 일이 아니기에 그만큼 가치를 인정받으며 일할 수 있다.

무엇보다 책 쓰기는 자신의 삶을 바꾼다. 지금까지의 삶을 돌아보며 글을 쓰는 과정에서 생각과 행동을 변화시킬 수 있기 때문이다. 또한 책을 쓰면서 자신의 경험과 지식을 정리하고, 새로운 배움을 더해 전문성을 높이는 작업이 이루어진다. 이후에 강연 등의 기회와 이어주는 매개체 역할을 한다. 벤저민 프랭클린의 말을 기억하자.

"죽어서 육신이 썩자마자 사람들에게 잊히고 싶지 않다면, 읽을 만한 가치 있는 글을 쓰든지, 글로 남길 만한 가치 있는 일을 하라."

2) 독자에 대한 배려: 독자가 원하는 것과 원하지 않는 것

　나는 교육으로 다양한 연령층의 사람들을 만난다. 강의 주제가 '글쓰기'로 동일하더라도 수업 방식은 다르게 한다. 교육생 입장에서 도움이 되는 강의를 하기 위해서다.

　글도 마찬가지다. 내가 지금 쓰고 있는 글이 누구를 위한 글인지를 생각해야 한다. 모든 글에는 독자가 있다는 사실을 잊지 말아야 한다. 유명인이 되기 위해서, 남들이 쓰기 때문에 책을 쓰는 것이 아니라 세상을 향해 꼭 하고 싶은 메시지가 있을 때 그 열정으로 책을 쓰기를 바란다. 단, 내가 알고 있는 것을 독자에게 설명해 주는 느낌이 아니라 함께 생각해 보자는 느낌으로 쓰는 것이다. 책을 쓰면서 자신의 부족함을 발견했다면 성공이다. 제대로 배우며 쓴다는 마음가짐으로 바뀔 테니까.

　책은 충분한 고민의 결과물이어야 하며 쉽게 읽혀야 한다. 술술 읽히면서도 생각할 거리를 만들어 주는 것이 독자에 대한 배려이다. 이 고민 없이 자신만의 독특함과 특별함만을 만들어 내려는 욕심에 빠진다면 독자를 소외시키는 글쓰기가 될 우려가 있다.

　그동안 책을 쓰면서 다양한 독자분들의 메시지를 통해 독자가 원하는 것과 원하지 않는 것에 대해 알게 되었다. 내가 지금까지도 독자 리뷰를 꼼꼼하게 살펴보는 이유이다. 독자의 피드백을 놓치지 않기 위해 내 블로그에 공유하기도 한다. 다양한 성향의 독자들을 알게 될수록 시야가 넓어짐을 실감한다.

책을 쓸 때는 처음부터 끝까지 독자의 관점에서 써야 한다. 가독성이 좋지 않은 글은 독자에 대한 배려가 없는 글이다. 막힘없이 술술 읽히면서, 생각을 하기 위해 스스로 멈출 수 있는 글이 가독성이 좋은 글이다. 원치 않는데도 자꾸 멈추어야 한다면 가독성이 떨어지는 글이다. 독자가 끝까지 읽어 낼 수 없는 글이다.

독자도 저자의 마음을 읽을 수 있다. 올바른 표현을 쓰기 위해 얼마나 고심했는지 짐작할 수 있다. 그러니 자신의 감정을 다스리지 못한 글을 무작정 쏟아 내서는 안 된다. 독자를 위해 자신의 마음을 다듬고 또 다듬어야 한다. 글에 몰입한 나머지 부정적인 감정에 치우쳐 감정 조절을 하지 못한 글은 독자의 공감을 얻기가 힘들다.

독자들은 저자가 자신의 방식을 강요하는 것에 거부감을 느낀다. 또 자기 편견에 갇힌 글을 읽기 힘들어한다. 책을 쓰면서 배움을 이어가야만 자신이 가진 편견이 무엇인지 알 수 있고 편견을 없애면서 책을 쓸 수 있다. 책을 쓰기 전과 쓰는 과정에서 아무런 변화가 없다면 성장하지 못한 것이다.

책을 집어 든 독자가 책을 끝까지 읽어 내기 위해서는 글을 쓰는 사람의 고된 노력이 필요하다. 문단끼리 이리저리 순서를 바꿔보기도 하고 문장 속 단어를 다양하게 바꾸면서 가장 적확한 단어가 무엇인지 고민한다. 가독성 있는 원고를 쓰기 위해 수십 번도 넘게 고치는 작업을 하는 것이다. 자신의 생각을 정확하게 글로 옮기는 작업은 인고의 노력 없이 불가능하다.

또한 사람들은 책을 펼쳤을 때 '따뜻함'을 느끼고 싶어 한다. 아무리 좋은 내용이라도 일방적으로 가르치거나 뻔한 이야기를 반복하는 글은 꺼려한다. 저자만의 관점이 명확하고 하고픈 메시지를 분명하게 전하더라도, 독자가 기분 상하지 않도록 배려하며 써야 한다. 아무리 훌륭한 글이라도 독자의 마음을 헤아리지 못한다면, 결국 독자에게 진정한 도움이 되지 못한다.

도서관에서 우연히 내 저서인 《삶이 글이 되는 순간》을 만난 독자분이 있다. 그는 고된 일상에서도 주말에는 도서관에서 하루 종일 책을 읽는다고 했다. 그의 메시지는 이러했다.

"누구나 똑같이 약한 부분이 있음을 인정하고 출발하는 느낌이라 좋았다. 방향을 설명해 주는 느낌이 아니라 딱 한 걸음

앞서서 따라오기를 기다려주는 느낌이다."

마음이 힘든 친구에게 책을 선물했고 많은 위로가 되었다는 말에 나 역시 힘이 났다. 책을 읽고 도움을 얻은 독자들은 어떻게든 내게 말을 걸어주었다. 그들이 있기에 더 나은 방향으로 책을 쓸 수 있었다.

독자의 관점에서 좋은 책이란 책을 읽은 후 긍정적인 변화를 이끌어 내는 책이 아닐까? 책을 읽기 전과 후가 다른 책 말이다. 조금 더 용기가 생기거나 조금 더 희망적인 생각을 하게 된다면 좋은 책이라 생각한다. 독자로 하여금 깊은 사유를 이끌어 내는 책을 쓰기로 결심하라. 처음부터 끝까지 독자를 배려하는 마음으로 독자를 생각하며 책을 쓰면 좋겠다.

3) 단단한 자신감:
완벽해서 쓰는 것이 아니라 쓰면서 완벽해진다

많은 사람들이 책은 대단한 사람만이 쓸 수 있다고 생각한다. 그러다 가까운 누군가가 책을 쓴다고 하면 '어? 나도 할 수 있겠는데?'라는 생각을 하기도 한다. 며칠 전 나에게 상담을 받앉던 한 남성분이 이런 말을 했다.

"얼마 전 방송에 나왔던 여자분 말이죠. 사실 저보다 이 분야에서 실력이나 경력이 부족한데 책을 써서 방송까지 나왔더라고요. 제가 쓰면 더 잘 쓸 수 있을 것 같아요."

나보다 부족한 것 같은데 유명해진 이유는 자신이 가진 것을 책이라는 콘텐츠로 만들어 발표했기 때문이다. 자신이 가지지 못한 것이 아닌, '가지고 있는 것'에 초점을 맞추는 사람은 남들보다 더 많은 기회를 만들어낸다. '내 경험과 노하우가 별것 아니라는 생각'은 자신감을 떨어뜨리는 가장 큰 원인이다. 나는 아무것도 아니라고 생각한 것을 또 다른 누군가는 특별하게 볼 수 있다. 책을 쓰는 사람들 모두가 자신감이 넘쳐서 책을 쓰고 있는 것이 아니다. 대단한 자신감은 아니지만 한 번 도전해 보고 싶다는 마음이다. 자신이 살아온 삶이 헛되지 않았음을 스스로 인정하는 사람들이다. 그동안 열심히 살아온 자신에게 보상하고 싶다는 마음으로 책을 쓰는 사람도 있다.

객관적인 기준에서 봤을 때 책을 여러 권 쓰고도 남을 만큼 많은 것을 가진 사람도, 자신감이 없어서 쓰지 못하는 경우가 많다. 타인과 끝없이 비교하며 자신을 한없이 작은 존재로 만드는 사람들이 있다. 그들에게 유일한 장애물은 자신이다. 결국 자신을 인정하는 마음과 용기의 차이다. 자신이 원하는 완벽한 상황은 절대 오지 않는다. 그 기준이 높은 사람이라면 더더욱 그럴 것이다. 대단한 사람들조차 깊이 있게 공부하기 위해 책을 쓴다는 말을 한다. 나 역시 마찬가지다. 더 많은 것을 이해하고 깨닫고 내 것으로 만들기 위해 부단히 책을 쓰는 것이다.

자신감이 떨어지는 또 하나의 원인은 글쓰기 실력이 부족하다고 느끼기 때문이다. 책 쓰기는 글쓰기와 다르다. 대단한 글쓰기 실력이 있어야만 책을 쓸 수 있는 것은 아니다. 나 역시 책 쓰기를 통해 처음으로 제대로 된 글을 썼다. 글쓰기 실력보다 중요한 것은 자신만의 핵심 가치를 파악하고 이를 효과적으로 전달할 수 있는 능력이다. 자신의 전문성으로 타인에게 도움을 주는 것에 초점을 맞춰야 한다. 전문성이 부족하다면 공부를 해서라도 쓰겠다는 의지가 필요하다. 나를 채워갈수록 자연스럽게 자기 확신과 자신감도 함께 커질 수밖에 없다.

무언가를 배우기 위해 누군가의 도움을 받아야 하는 상황을 생각해 보자. 수준 차이가 많이 나는 전문가보다는 본인보다 한 걸음 정도 앞서간 사람에게 접근하기가 쉽다. 그들이 눈높이에 맞춰 설명해 주니 배우는 이들도 쉽게 이해할 수 있고 빠르게 배울 수 있기 때문이다. 그러니 분야 최고 전문가와 자신을 비교할 필요는 없다.

책을 쓰고 싶지만 자신감이 부족한 사람들에게 항상 이야기한다. 완벽해서 쓰는 것이 아니라 쓰면서 완벽에 가까워지는 것이라고 말이다. 본인 기준에서 인정하는 완벽함을 갖기란 죽는 순간까지 노력해도 불가능할 것이다. 타인이 가진 것은 크게 보면서 자신의 가치를 과소평가하는 사람이 얼마나 많은가.

나 역시 완벽해서 책을 쓴 게 아니다. 대단하지 않은 나의 경험으로도 도움받을 사람이 존재하리라는 믿음이 있었기에 쓸수 있었다. 나는 내가 믿어주는 만큼 성장할 수 있다. 미친 듯이 몰입해 책을 쓰다 보니 내가 가진 것은 무엇인지 또 부족한 것은 무엇인지 스스로 깨닫게 되었다. 무엇을 채워야 할지 스스로 답을 찾아가면서 자기 확신이 생긴다. 책을 쓰며 자신감을 채우고 자존감을 높일 수 있었으니 그 과정만으로도 얻은 게 참 많다.

《감동을 만들 수 있습니까》의 저자이자 작곡가 히사이시 조는 책에서 이렇게 말한다.

"내 음악의 첫 번째 청중은 나 자신이다. 따라서 나 스스로 만족할 수 없는 작품은 내놓을 수 없다. 내가 좋아하고 감동할 수 있는 작품이 아니면 다른 사람의 마음을 움직이는 일은 도저히 불가능하다. 최초이며 최고의 청중은 바로 나 자신인 것이다."

책을 쓰는 것도 다르지 않다. 최초이면서 최고의 독자는 바로 자신이다. 할 수 있는 노력의 끝까지 가야 한다. 잘 쓰고 싶다는 욕심이 있어야 더 노력하게 된다. 책이 세상에 나왔을 때 적어도 '더 열심히 할걸.' 하는 후회는 없어야 하지 않을까. 스스로 만족할 수 있는 수준에서 타협을 해야만 나중에 후회가 없을 것이다. 타인의 평가나 시선에 얽매이지 않는 단단한 자신감으로 쓴다면 결국 자신과 독자의 만족을 이끌어 내는 책을 쓸 수 있을 것이다.

K는 얼마 전 첫 책을 출간한 뒤 자신감이 커졌다. 책을 쓰면서 '잘할 수 있을까?'하는 의문도 들었지만 결국 스스로에게 만족스러운 작품을 완성하면서 '다음 책은 더 잘 쓸 수 있겠다.'는 자신감이 생겼다고 한다. 곧 두 번째 책을 준비하려 한다. 책 쓰기를 통해 자신의 한계를 넘어 본 사람들은 이전과는 다른

자신감을 장착해 이후에 어떤 도전을 하든 크게 두려움을 느끼지 못하는 모습이다. 나 역시 꾸준히 책을 쓰면서 다음 책을 쓰는 것에 대한 두려움과 걱정 대신 설렘만 안고 집중하며 준비한다. 우리가 이겨내야 할 존재는 타인이 아닌 자기 자신임을 매 순간 잊지 말자.

시작하기 전부터 두려움에 떨 필요는 없다. 일단 시작하면 무엇이 부족한지 자연스럽게 깨닫게 된다. 나도 할 수 있다는 자신감 하나는 스스로 만들어 내야 무엇이든 시작해 볼 수 있다. 일단 시작하면 끝을 볼 수 있다. 첫 번째보다 두 번째는 더 잘 해낼 수 있을 것이다. 그렇게 자신만의 것을 하나씩 쌓아갈 때 자신감은 더욱 커진다. 멈추지 않고 꾸준히 역량을 키워나가야 한다. 책을 쓰는 과정에서 많은 것을 배우게 되니 이런 마음가짐으로 글쓰기를 지속하는 사람이 되었으면 한다. '완벽해서 쓰는 것이 아니라 쓰면서 완벽해진다.'는 생각으로 단단한 자신감을 채우고 시작하자.

4) 멘탈 관리 : 시시때때로 무너지는 멘탈을 잡는 법

책을 쓰기 전이나 쓰는 과정에서 나도 모르게 이런 생각이
들 수 있다.

'내가 이 책을 쓸 자격이 될까?'

책을 쓰는 데 특별한 자격이 있다고 생각한 나머지, 자신이
한없이 부족한 것 같다는 생각에 포기하게 된다. 혹은 용기 내
어 쓰기 시작했지만 중간중간 그런 생각이 들어 마음이 흔들리
기도 한다. 하지만 자기 확신이 없다면 무엇에 도전하든 포기할
확률이 높아진다. 멘탈이 전부라고 말하는 이유다. 자격을 따
지기보다는 내 글이 단 한 사람에게라도 도움이 된다는 마음으
로 써 보자.

힘들 때마다 누군가가 옆에서 멘탈을 잡아줄 수 있다면 좋겠
지만 현실적으로 어려운 일이다. 결국 자신과의 싸움에서 승리
하는 자만이 결과물을 만들어낸다. 짧게는 한 달, 길게는 1년
이상 소요되는 집필의 과정에서 우리는 수많은 어려움에 직면
한다. 어떤 경우에도 포기하지 않기 위해 내면을 단단하게 만드
는 노력은 필수인 것이다.

나 역시 책을 쓰며 시시때때로 무너지는 멘탈을 잡기 위해 많

은 노력을 한다. 집필 전에는 반드시 동기부여가 되는 책을 30분 이상 읽는다. 마음을 단단하게 만들어 주는 책을 읽으며 멘탈을 끌어올린 후 집필을 시작한다. 화가 난 상태에서는 글을 쓰지 않는다. 마음이 힘든 날에는 한 시간, 더 힘든 날은 두 시간 이상 책을 읽은 뒤 집필을 시작할 때도 많다. 어떤 날은 하루 종일 책만 읽기도 한다. 산책을 하거나 다른 활동을 하면서 기분 관리를 하기도 한다. 기분이 좋지 않은 상태에서 글을 쓰면 부정적인 에너지가 독자에게 고스란히 전달될 거라는 사실을 잘 알기 때문이다. 기분 관리를 소홀히 하면 그날 쓴 원고의 질은 낮아질 수밖에 없다.

작은 일에도 하루 종일 기분이 가라앉는 날이 있다. 그럴 때는 생각에 빠져 있기보다는 다른 활동으로 생각을 전환해보자. 산책을 하거나 운동을 하는 것도 좋다. 움직이는 것이 싫다면 책을 펼치기를 추천한다. 작성 중인 원고와 관련된 책도 좋고 평소에 좋아하는 분야의 책도 상관없다. 원하는 만큼 해내지 못하는 자신을 원망하기보다는 재충전하는 시간을 가져야 한다.

J는 수업을 시작할 때부터 멘탈이 약했다. 블로그에 달린 이런저런 댓글에 예민하게 반응하며 상처를 자주 받았다. 타인의 생각에 휘둘리는 자신이 한심하다는 말에 누구나 그럴 수 있음

퍼스널 브랜딩의 모든 것

을 말해주었다. 멘탈을 매일 끌어올릴 수 있도록 틈틈이 동기부여가 될 만한 책을 먼저 읽고 글을 쓰라고 조언했다.

8주간의 수업 동안 그녀는 많이 달라졌다. 출근 전, 퇴근 후에 책을 먼저 읽고 다른 활동을 하는 습관을 들임으로써 이제는 불필요한 생각에 에너지를 빼앗기는 일이 거의 없다고 한다. 그녀에게 자주 했던 말은 "잘하고 있고 앞으로도 잘할 것이다."라는 응원의 메시지였다. 우리는 무엇을 하든 자신이 믿어 주는 만큼 해낼 수 있다.

대부분의 사람들은 힘든 일이나 상처받았던 경험으로 인해 멘탈이 무너지면 의욕이 사라져 아무것도 하지 못하는 경우가 많다. 그런데 그렇게 가만히 있으면 부정적인 감정에 더 깊이 빠져들어 멘탈을 다시 예전처럼 돌려놓기가 더욱 어려워진다.

매일 뭔가를 꾸준히 실천하는 것도 멘탈을 강화하는 좋은 방법이다. 집필을 하면서 매일 블로그에 글을 쓰는 것은 건강한 멘탈을 유지하기 위한 또 다른 습관이다. 사소하지만 자신과의 약속을 지켜 내는 것은 자신감을 높이기에 충분하다. 별거 아니어도 오늘 해냈다는 마음이 내일도 가능하다는 생각으로 이어진다.

수강생 중에는 매일 등산을 하며 내면을 강화하고 체력을 키우는 분이 있다. 산을 오르내리며 명상을 하면서 내면을 강화한다. 또 어떤 분은 매일 새벽 달리기를 하며 스스로를 단련하는 시간을 갖는다. 운동이 끝난 후 카페에서 집필을 한다. 자신에게 맞는 방식으로 매일 멘탈을 끌어올리기 위한 노력을 하고 있는 것이다.

지금은 많이 회복된 상태지만, 얼마 전까지만 해도 요통으로 고생을 했다. 허리 통증이 해결되니 어깨가 속을 썩인다. 직장인들이 고질병을 가지고 있어도 어김없이 출근하듯 나도 아프다는 핑계를 대지 않고 글을 쓰기 위해 노력한다. 처음에는 반복되는 통증으로 집필에 영향을 주니 속이 많이 상했지만 앞으로 오래오래 글을 써야 하니 지금부터 특급 관리를 하라는 의미로 내게 찾아온 선물이라 여기기로 했다. 책상에 앉아 있을 때도 길을 걸을 때도 자세에 신경을 쓰게 되었다. 오래 글을 쓰고 싶다면 무엇보다 건강을 먼저 챙겨야 한다. 건강을 잃으면 정신력이 아무리 강해도 한계를 넘어서기 힘들다. 강한 멘탈을 위해 몸 건강, 마음 건강을 매일 챙겨야 한다.

자신이 원하는 길을 당당하게 걸어가기 위해서는 강한 체력과 멘탈이 필요하다. 아무도 가지 않는 좁은 길일지라도 두려움 없이 나아갈 용기가 있었으면 한다. 책을 쓰며 유리 멘탈에

퍼스널 브랜딩의 모든 것

서 벗어난 사람들이 많다. 인고의 과정을 통과하며 조금 더 단단한 사람이 된 것이다. 책을 내고 1인 기업가로 멋지게 살아갈 모습을 자주 떠올리며 마음을 다잡기를 바란다. 모두에게 주어진 동등한 삶을, 버티며 살아갈 것인지, 즐기면서 살아갈 것인지는 결국 자신의 멘탈 상태에 달려 있다.

5) 몰입: 나의 한계를 넘어서는 힘

다시 한번 내 인생을 살아보겠다는 의지로 책을 쓰기 시작하면서 오랜만에 '몰입'을 경험했다. 아이가 잠든 후 책상에 앉아 글을 쓰다 보면 시간이 어떻게 흘러가는지 모를 정도로 몰입했다. 밤새 글을 써도 피곤하지 않았다. 몸이 아플 때도 예외는 아니었다. 당시 위에 있던 용종을 제거하면서 위출혈이 심했지만 집필을 놓지 않았다. 힘든 순간에도 포기하지 않았기에 한계를 넘어설 수 있었다.

무턱대고 열심히 한다고 해서 모두 몰입을 경험하는 것은 아니다. 일을 하면서 시도 때도 없이 잡념이 자신을 괴롭힌다면 몰입한 상태라고 할 수 없다. 온 마음이 한 곳을 향할 때, 주위의 잡음에 신경 쓰이지 않는 상태가 몰입이다.

익숙한 일이라고 해서 쉽게 몰입할 수 있는 것은 아니다. 하지만 반복하면 할수록 몰입 시점에 빠르게 도달할 수 있다. 어떤 날은 몰입까지 30분이 소요되기도 하고 어떤 날은 한 시간이 필요할 때도 있다. 컨디션에 따라서도 달라진다. 몰입의 순간이 기쁨으로 충만하거나 특별한 감정을 불러일으키는 것은 아니지만 몰입으로 얻은 결과물이 눈앞에 나타날 때 비로소 그 시간이 주는 가치를 깨닫게 된다. 온종일 몰입하고 모든 에너지를 쏟고 난 뒤 침대에 누울 때 느껴지는 만족감은 말로 표현할 수 없다. 주도권을 가지고 하루를 보냈다는 것에 뿌듯한 마음이 든다. '나도 할 수 있을까?' 하는 의문은 치열하게 몰입하는 과정에서 '나도 할 수 있다.'는 확신으로 바뀐다. 나에게는 책 쓰기를 통한 몰입이 바로 그런 것이었다. 그 경험이 너무 소중했기 때문에 지속할 수 있었다.

저자가 몰입하여 집필한 책은 독자 역시 몰입하며 읽게 된다. 독서를 통해 마음을 변화시킬 수 있을 만큼 강한 에너지를 얻기도 하고 읽기 전과 후가 아무런 차이가 느껴지지 않을 때도 있다. 독자들은 저자가 얼마나 몰입하며 책을 썼는지, 그리고 어느 부분에서 집중력이 흐트러지거나 힘이 빠졌는지를 본능적으로 느낄 수 있다. 글은 쓰는 사람의 상태를 고스란히 드러내 준다. 몰입을 깊게 할수록 좋은 문장이 나오며 독자에게 더 가까이 다가갈 수 있다. 몰입하는 과정에서 나도 모르게 훌륭한 문장이 나오기도 하고 생각지도 못한 아이디어가 생기기도 한다.

전화기를 발명한 미국의 발명가 알렉산더 벨은 "초점을 맞추기 전까지 햇빛은 아무것도 태우지 못한다."는 말을 했다. 몰입의 개념도 이와 같다. 흩어진 빛이 한 지점으로 모일 때 강력한 열을 만들어내듯, 우리의 에너지도 한곳에 집중될 때 비로소 잠재력이 발현될 수 있다. 소설을 쓰는 것이 아니라면 타고난 재능은 크게 중요하지 않다. 경험과 깨달음을 기반으로 제대로 몰입만 한다면 충분히 높은 퀄리티의 원고를 써낼 수 있다고 확신한다.

몰입을 했는지 여부를 알 수 있는 한 가지 방법이 있다. 집필을 끝낸 후에 일상의 느낌을 이전과 비교해 보면 된다. 갑자기 시간을 어떻게 써야 할지 모르겠거나 허전한 마음이 든다면 이는 몰입했었다는 증거다. 집필할 때의 몰입을 다시 느끼고 싶어서 출간 이후 바로 두 번째 책을 쓰는 분들도 있다. 나 역시 첫 책을 쓴 후 밀도 높은 삶을 지속하기 위해 계속 책을 쓰고 있다.

죽는 순간까지 체력이 허락한다면 계속해서 책을 쓰며 내가 삶에서 얻은 모든 것들을 독자들과 나누고 싶다. 책 쓰기를 준비하는 사람이라면 하나의 작품을 탄생시킨다는 마음으로 강렬한 몰입을 경험하여 자신의 한계를 넘어서기를 바란다. 첫 책을 쓴 후 다음 책을 쓰고 싶다는 생각이 든다면, 그만큼 첫 책에 온 마음과 열정을 쏟았다는 증거일 것이다.

6) 인내심 : 인생을 바꾸고 싶다는 간절함이 주는 선물

인생을 살아가면서 꼭 필요한 것이 바로 '인내'라고 생각한다. 인내는 '괴로움이나 어려움을 참고 견딤'을 의미한다. 현대 사회는 우리에게 인내의 가치를 가르치지 않는 것 같아 씁쓸하다. 인내 없이 얻을 수 있는 귀한 것은 없으며 인내하지 못하는 사람은 홀로 설 수 없다. 따라서, 무언가를 시작할 때 내 안에 인내라는 키워드를 장착하고 있는지 들여다보기를 바란다. 원하는 것을 쟁취하고 목표를 이뤄내기까지 겪어야 하는 다양한 상황에 대한 인내심을 갖추었는지를. 뜻대로 되지 않아도 인내하며 앞으로 나아갈 힘이 있는지를. 다른 사람의 성과를 부러워하기 전에 그 사람이 인내하며 견뎌 온 것은 무엇인지 들여다보면 좋겠다.

블로그만 해도 처음에 큰 열정으로 시작했지만 1년 이상 지속하는 사람은 별로 없다. 단순한 호기심이나 유명해지고 싶다는 욕망, 꺼지기 쉬운 열정은 멀리 갈 수 있는 원동력이 되지 못한다. 마찬가지로, '너도나도 도전하니까 나도 한번 해볼까.' 하며 별생각 없이 시작한 사람은 끈기 있게 운영하지 못한다. 반면, 언젠가는 자신의 이름으로 된 책 한 권을 쓰고 싶다는 목표를 가진 사람들은 꾸준한 모습을 보인다. 매일 책을 읽으며 도움이 된 문구를 공유하기도 하고 일상에서 얻은 깨달음을 담기도 한다. 3개월, 6개월, 1년이라는 시간이 쌓이면서 글쓰기를 습관으로 만든 사람만이 지속가능한 힘을 장착하게 된다.

수강생 A는 어려운 형편 때문에 어쩔 수 없이 실업계로 진학해 19살 때부터 사회로 나가 경제 활동을 해야 했다. 외롭고 끈질기게 자신을 괴롭혔던 시간 속에서 유일하게 빛이 되어 준 친구는 책이었다. 고달픈 삶의 연속이었지만 책이 있었기에 견딜 수 있었고 꾸준히 글을 쓰며 내면의 힘을 키울 수 있었다고 한다. 삶에 대한 인내와 절실함이 없었다면 현실에 굴복하는 삶을 살았을 것이다. 지금은 삶의 주인이 되기 위한 독서법을 알려 주는 책을 집필 중이다.

어떤 분야에서든 중도에 포기하지 않고 끝까지 해내는 사람은 별로 없다. 왜일까. 처음에 가졌던 열정이 비슷하다고 가정했을 때 멀리까지 갈 수 있는 사람은 간절함이 있는 사람이다. 나 역시 꾸준히 성장할 수 있었던 이유는 매 순간 간절함이 있었기 때문이다. 인생을 바꾸고 싶다는 간절함은 어떤 순간에도 포기하지 않을 인내심을 선물해 주었다. 누군가가 내 열정의 근원이 어디냐고 물어보면 "간절함이 이끈 인내심"이라 말한다.

책을 쓰는 사람에게 탁월한 재능이 있다고 생각해서는 집필에 필요한 인내심을 키울 수 없다. 유명한 작가들도 첫 문단을 쓰는 데 어려움을 호소한다. 노트북 앞에 앉으면 자연스럽게 글이 술술 써지는 일은 일어나지 않는다. 파워라이터 24인의 글쓰기와 책 쓰기를 다룬 책《나는 작가가 되기로 했다》에서 철학자 강신주는 이렇게 말했다.

"컨디션이 좋을 때 누군들 글을 쓰지 못하겠습니까. 감기 몸살이 찾아왔을 때, 멍한 정신으로 글이 한 줄도 쓰이지 않을 때, 바로 이럴 때 쓰는 한 줄이 저자의 수준을 말해주죠. 그러니 컴퓨터 화면과 목숨 걸고 싸워야 합니다. 만일 싸워 이긴다면 저자는 한 단계 성장하게 될 것입니다."

그는 최악의 조건에서 글을 써야 저자의 '진짜 실력'이 나온다고 말한다. 그 자신도 첫 문단을 쓰기 위해 무려 13시간을 컴퓨터 앞에서 떨어지지 않은 적이 있다고 한다. 글이 잘 안 써져도 쉽게 포기하지 않는 인내심이 필요하다는 것을 강조한다.

지금 초고를 쓰고 있는 수강생들은 글이 잘 안 써질 때 나에게 메시지를 보낸다. 어제는 글이 잘 써졌는데 오늘은 오랜 시간 앉아 있어도 쉽지 않다고 말한다. 잘 해내고 싶은 욕심이 있지만 뜻대로 되지 않는 순간에는 좌절하기도 한다. 그들에게 나도 마찬가지라고 말해준다. 상황이 어려움에도 불구하고 독자들에게 전해 줄 메시지에 집중하면서 인내를 가지고 고민하는 사람만이 끝까지 써낼 수 있다고 조언한다. 인내심과 노력이 부족해서 더 나은 원고를 쓸 기회를 스스로 놓친다면 정말 안타까운 일이 아닐까.

이번에 출판사와 계약한 수강생은 초고 집필 후 탈고까지 꽤 오랜 시간이 필요했다. 중간중간 자기 확신이 흔들리기도 했다. 개인적으로 공부하고 실행하고 싶은 것도 많았지만 끝까지 포기하지 않았다. 여러 번에 걸친 퇴고 과정에서 그녀는 점점 더 단단해지는 자신을 발견했고, 결국 책을 완성했을 때는 자신감과 자존감도 함께 높아졌다고 했다.

그녀는 책을 써서 자신의 인생을 살아가고 싶다는 마음이 강했다. 결혼 전에는 잘나가는 커리어우먼이었지만 결혼과 출산을 겪으며 자신을 잃어버린 것 같아 속상해했다. 책을 써서 중단된 경력을 다시 살리고 자신이 하고 싶은 일을 시작하고 싶어 했다. 아이를 재우고 나서 집필에 몰입할 정도로 의지가 대단했다. 꿈을 향한 간절함이 있었기에 육아를 하면서도 포기하지 않고 끝까지 원고를 써낼 수 있었다. 이처럼 인내심은 쉽게 포기하지 않는 간절함에서 나온다.

인생을 바꾸고 싶다는 간절함이 있다면 무엇에 도전하든 끈기 있게 해낼 수 있을 것이다. 미국의 장르문학 작가 제임스 스콧 벨이 저서 《작가가 작가에게》에서 남긴 말을 마지막으로 들려주려 한다.

"명심하라. 작가로서 자신의 책이 출판된다는 것은 당신이 얻을 수 있는 특권이다. 아무도 듣고 싶어 하지 않는 뿔피리를 아무리 열심히 불어봤자 들어줄 사람은 없다. 지쳐 쓰러질 때까지 쓰고 또 써야, 글쓰기 그 자체가 스스로 살아 움직일 때까지 써야 비로소 그런 특권을 얻게 될 것이다."

7) 완벽한 준비 : 출간 이후를 위해 준비해야 할 것들

▶ 전략적 이미지 메이킹

'이미지'의 사전적 의미는 '어떤 사람이나 사물로부터 받는 느낌'을 뜻한다. 즉 이미지는 자신이 아닌 타인이 느끼고 결정하는 것이다. 한편 '이미지 메이킹'은 개인이 상황과 목적에 맞게 자신을 표현하는 것으로, 자신이 가진 잠재력과 외적 연출이 조화를 이루어, 보다 나은 자신의 이미지를 극대화해서 표출하는 것을 말한다. 따라서 우리는 자신이 컨트롤할 수 있는 전략적 이미지 메이킹이 필요하다. 상황에 맞는 이미지를 연출한다는 것은 '나'라는 브랜드를 각인시키는 데 큰 역할을 한다.

이미지 메이킹은 외적 관리에 그치지 않고 내적 이미지 관리도 포함한다. 외적 이미지는 표정, 패션, 헤어, 메이크업, 자세, 걸음걸이, 목소리, 제스처 등 외적으로 표현되는 모든 것을 의미한다. 반면, 내적 이미지는 가치관, 인성, 마음가짐, 태도 등이 있다. 남들에게 보여주는 이미지와 실제 모습 간의 격차가 줄어들수록 타인에게 진정성 있게 다가갈 수 있다. 이상적인 이미지 메이킹은 자신이 되고 싶은 이미지와 스스로 생각하는 자신의 이미지, 타인이 바라보는 나의 이미지가 일치할 때이다. 궁정적인 이미지 연출은 결국 타인에게 호감과 신뢰를 전달하기 위함이다.

이미지 메이킹에서 큰 비중을 차지하는 것은 표정, 용모, 태도, 말씨 등이다. 밝은 표정과 미소 띤 얼굴은 성공적인 인간관계를 위한 필수 요소이다. 단정하고 세련된 용모와 복장은 개인을 더욱 매력적으로 보이도록 해주며, 특히 헤어스타일과 메이크업 연출에 따라 이미지가 많이 달라질 수 있다. 자신에게 어울리는 헤어스타일을 연출할 수 있도록 평소에 다양한 스타일에 도전해 보는 것도 좋다.

나는 특별한 강연이나 인터뷰, 방송 출연 등이 있는 경우 전문가의 도움을 받곤 한다. 이 과정에서 나에게 어울리는 헤어스타일과 메이크업 테크닉을 배운다. 전문가의 도움을 통해 습득한 기술은 더욱 매력적인 이미지를 연출하는 데 큰 도움이 된다.

사람들은 첫인상만으로 극히 짧은 시간에 그 사람에 대한 평가와 결론을 내린다. 그만큼 첫인상은 대인관계에서 중요한 역할을 한다. 모르는 사람을 처음 만났을 때 표정이 어둡거나 인상이 차갑다고 느끼는 순간, 대화를 통한 원만한 관계 형성이 어려워진다. 상대방에게 좋지 않은 첫인상을 심어줄 경우, 상대방의 기억 속에 오랫동안 각인되어 회복이 어렵다. 첫인상은 찰나에 결정되지만 한번 인식된 첫인상을 바꾸기 위해서는 많은 노력이 필요하다.

미국의 심리학자 앨버트 메라비언의 연구에 따르면, 일상적인 의사소통에서 첫인상은 55%의 시각적 요소와 38%의 청각적 요소, 7%의 언어적 요소로 형성된다고 한다. 시각적 요소는 용모, 복장, 자세, 제스처, 표정과 같이 외적 요인이며 청각적 요소는 목소리의 톤, 음색, 호흡, 빠르기 등을 말한다. 언어적 요소는 말의 내용을 의미하는데, 메라비언 효과에 의하면 상대방에 대한 이미지가 결정되는 데 말의 내용은 7%밖에 영향을 미치지 않는다. 비언어적 요소가 무려 93%의 비중을 차지한다.

첫인상의 효과는 크게 '초두(初頭) 효과'와 '후광(後光) 효과'로 나누어 설명할 수 있다. 초두 효과는 어떤 사람에 대한 상반된 정보가 시간 간격을 두고 주어질 경우 앞의 정보가 뒤의 정보보다 인상 형성에 더 큰 영향을 미친다는 이론이다. 대부분의 사람은 첫 만남에서부터 상대방에 대한 평가를 시작하며 첫인상을 보고 그 사람의 가치와 능력에 대해 판단을 내린다.

후광 효과는 한 가지 긍정적인 특징을 가지고 있는 사람은 다른 긍정적인 특징들도 모두 가지고 있을 것으로 일반화시켜서 생각하는 경향을 말한다. 상대방에게 호감을 느끼면 보지 못한 부분까지 긍정적으로 평가하지만, 반대로 호감이 없을 경우에는 모든 것을 부정적으로 바라보는 경향이 나타난다.

첫인상만으로 모든 것을 평가할 수는 없지만 적어도 첫인상부터 불리한 이미지를 만들 필요는 없다. 체형과 얼굴의 생김새는 바꾸기가 힘들지만 상대방에게 호감을 주는 용모와 복장은 관심과 노력으로 충분히 개선이 가능하다. 따라서 자신의 이미지를 향상시키는 용모와 복장을 갖추기 위해 노력하는 마음과 자세가 필요하다.

나는 강의나 컨설팅으로 새로운 사람을 만났을 때, 첫인사를 나누기 전부터 웃는 얼굴을 보여주려고 노력한다. 처음 만나는 사람의 표정이 굳어 있으면 인사를 나눌 때 더욱 어색하게 느껴지기 때문이다. 상대방이 나에게 다가오는 순간부터 좋은 인상을 줄 수 있다면 친밀감을 형성하기까지 오랜 시간이 소요되지 않는다. 타인에게 호감을 주는 첫인상은 대인관계에서 큰 장점으로 작용하며 원만한 인간관계를 형성하는 데 큰 도움이 된다.

행사, 강연 등 섭외 담당자는 강연자의 사진을 보고 이미지를 판단하는 경우가 많기 때문에 프로필 사진 또한 중요하다.

특히 1인 기업가에게 전문성이 잘 드러나는 프로필 사진은 필수라고 할 수 있다. 책이 출간된 이후에 강의 요청이 오면 사진이 포함된 프로필을 요청하는 경우가 많다. 강의 홍보 팸플릿 등에 활용하기도 한다. 1인 기업가로 본격적인 활동을 시작하기 전에 미리 촬영해 두면 좋다.

상대방으로 하여금 호감을 느낄 수 있는 매력적인 사람이 된다면 노력하지 않은 사람에 비해 자신감, 인간관계, 적극성 등에서 훨씬 유리한 평가를 받을 수 있다. 밝고 부드러운 표정, 단정한 용모와 복장, 공손한 말투와 올바른 태도뿐만 아니라 긍정적인 사고로 타인을 배려하는 마음을 가진다면 호감 가는 첫인상을 만들 수 있다. 자신이 가진 이미지의 단점을 보완하고 장점을 극대화하여 자신만의 매력을 부각하는 것이 핵심이다. 자신이 몸담고 있는 분야에서 역량을 키우는 것은 당연한 일이다. 여기에 이미지 메이킹까지 신경을 쓴다면 1인 기업가로서 충분히 차별화할 수 있다.

▶ 블로그 운영

1인 기업가로 활동하기 위한 준비 중 빠를수록 좋은 것은 바로 블로그 운영이다. 책이 출간되더라도 알릴 공간이 없다면 막막할 수 있다. 블로그는 다른 SNS보다 개인적인 이야기를 진정성 있게 공유할 수 있는 공간이기에 필수적이라고 할 수 있다.

나는 블로그를 통해 일상을 공유하고 서로에게 도움을 주면서 직접 만나지 않아도 친밀감을 유지하는 '찐팬'들을 확보하고 있다. 블로그를 통해 나를 알리는 노력은 단기간에 끝나는 것이 아니라 꾸준히 이어져야 한다. 진정성 있는 소통을 지속적으로 이어가면, 이웃들이 자연스럽게 내 책을 읽고 리뷰를 남기며 입소문을 내준다. 나에 대한 관심은 자연스럽게 내 콘텐츠로 이어지고, 이는 내가 진행 중인 교육 과정 참여로도 연결될 가능성이 높다.

블로그에 글을 쓸 때는 이미 소통하고 있는 사람들을 대상으로 쓰는 것이 좋다. 막연한 대상이 아닌, 조금은 친밀한 사람들에게 도움이 될 만한 글을 쓴다면 관계를 더욱 돈독하게 만들 수 있다.

블로그에 부지런히 올린 글은 책을 집필할 때도 활용할 수 있다. 간혹 비싼 광고비를 들여 많은 사람들에게 정보를 전달하는 것에 치중하는 사람들이 있다. 혼자서 모든 일을 해야 하는 1인 기업가에게는 부적합한 방식이다.

꾸준한 블로그 활동은 강력한 자기 브랜딩 도구가 된다. 내

퍼스널 브랜딩의 모든 것

가 진행하는 컨설팅은 대부분 블로그에서 인연을 맺은 분들이 나에 대한 신뢰가 쌓여 신청하는 경우가 많다. 이는 오랜 시간 꾸준히 쌓아 온 블로그 콘텐츠가 만들어 낸 결과다. 나에 대해 전혀 모르는 사람이 나에게 교육을 받는 경우는 극히 드물며 대부분 블로그, 저서, 다른 경로를 통해 내 전문성을 이미 확인한 분들이다. 심지어 나에 대해 전혀 몰랐지만 바로 수업 신청을 한 사람들도, 짧은 시간 안에 내 블로그 글들을 꼼꼼하게 살펴보며 신뢰를 쌓은 경우였다. 이처럼 지속적인 블로그 활동은 단순한 기록을 넘어 나의 전문성과 진정성을 증명하는 포트폴리오가 되었다. 블로그에 쌓인 글들은 잠재 고객들에게 내가 어떤 사람인지, 어떤 가치를 추구하는지 보여주는 든든한 포트폴리오가 되어주고 있다.

많은 사람을 끌어모으기 위해 애쓰기보다 시간이 걸리더라도 자신의 진정성을 알리는 노력을 지속했으면 한다. 친밀한 소통으로 연결되는 사람들이 진짜 내 사람이 되며 누가 시키지 않아도 자발적으로 입소문을 낸다. 그렇게 나는 특별한 홍보 없이 내 일을 즐겁게 해나가고 있다. 사람의 마음을 얻는 것이 가장 빠른 길이자 현명한 길임을 알게 되었다.

1인 기업가로 살아남기 위해서는 자신만의 확실한 콘텐츠와 이를 알릴 수 있는 공간이 필요하다. 블로그를 필수로 운영하며, 여력이 된다면 다른 SNS 채널을 연계해서 운영하면 좋다. 시간을 많이 투자할 수 없다면 블로그 하나만이라도 제대로 운영하도록 하자. 짧은 글보다 긴 글에서 더 깊은 이해와 신뢰를 얻을 수 있기 때문이다. 단, 어떤 공간에서도 '보여주기식' 홍보가 아닌 나의 진정성을 드러낼 수 있도록 노력해야 한다. 그 진심은 시간이 지날수록 힘을 발휘하게 되니까. 1인 기업가에게 블로그는 회사 홈페이지와 마찬가지다. 그 안에 내 삶과 열정을 담아보자. 당신이 고객에게 제공할 서비스를 팔 것이 아니라 당신의 이름으로 된 브랜드를 팔아야 한다. 당신이 활동하는 모든 공간에서 말이다. 당신의 스토리를 담은 블로그 공간은 잠재 고객의 마음을 움직일 수 있는 강력한 도구가 될 수 있음을 기억하자.

▶ 강연과 컨설팅을 위한 준비

아리스토텔레스는 "우리가 아무리 정확하고 진실한 지식을 보유하고 있다고 해도, 그것만으로는 설득하기 힘든 사람들이 있다. 지식을 잘 전달하는 교육이 필요하다."고 말했다. 남들보다 많은 지식을 책에 담는다 해도 출간 이후 강연에서 청중들을 설득시켜야 한다. 내 생각을 제대로 전달하기 위해서는 글쓰기만큼 말하기도 중요하다.

나는 첫 책 출간 후 저자 강연회를 철저하게 준비했다. 책을 쓰기 전에는 사람들 앞에서 강연을 해 본 적이 없기 때문에 긴장이 되었다. '과연 내가 잘할 수 있을까?'라는 의심으로부터 벗어나기 위해서는 연습만이 살길이었다. 실력 있는 성우에게 감정을 표현하는 방법, 발성법 등 다양한 스킬을 배웠다. 아나운서 출신 스피치 전문가에게 수업을 들은 적도 있다. 책만 잘 쓰는 것이 끝이 아니다. 책을 통해 들어오는 다양한 기회들을 잡기 위해서는 철저한 준비가 필요하다.

《나만의 브랜드로 꿈을 디자인하라》의 저자 박지선 작가는 출간 전부터 다양한 컨설팅 프로그램을 만들어 두었다. 무료로 진행했던 프로그램들을 출간 이후 유료로 전환했는데 반응이 뜨거웠다. '사람들이 과연 유료 컨설팅을 신청할까?' 걱정했었지만 지금은 일이 너무 많은 게 오히려 걱정이라고 한다. 작더라도 나만의 콘텐츠로 사람들에게 도움을 주려는 마음을 갖고 있었기에 가능했다. 책이 나온 후 어떤 교육 과정을 진행할지 미리 생각해 보고 부족하더라도 시도해 보는 노력은 출간 이후의 성장에 큰 도움이 된다.

책이 나온 후에 진행하고 싶은 교육 프로그램이 있다면 출간 전에 블로그 이웃 또는 SNS에서 소통하는 사람들을 대상으로 무료로 진행해 보는 것도 좋다. 그 과정에서 자신에게 부족한 부분을 채우며 공부가 많이 되기 때문이다. 실제로 현재 나와 소통하고 있는 이웃들 중 많은 분들이 이런 과정을 통해 유료 프로그램을 운영 중이다. 직장에 다니면서 독서 모임, 필사 모임, 커뮤니티 모임 등을 운영하는 분들이 늘고 있다. 자신이 가진 재능을 나눠주면서도 그들로부터 배우는 것이 많을 것이다.

자신이 몸담은 분야에서 컨설팅을 시작한다면 고객의 만족을 이끌어 내기 위해 어떤 부분을 채워야 하는지 매일 고민해야 한다. 처음에는 같은 분야에서 일을 하는 사람들에게 직접 컨설팅을 받아 보는 것도 도움이 된다. 어떻게 시작하는지, 가격 설정, 다양한 방식 등을 배울 수 있기 때문이다. 고객의 확실한 만족을 이끌어 내기 위해 훈련하는 시간이 필요하다. 컨설팅 사례가 늘어나면서 더 나은 방법을 스스로 찾아갈 수 있다.

강연 제안이 오면 담당자를 통해 강연의 특성을 제대로 파악해야 한다. 인원수, 성별, 청중의 성향 등을 미리 알아두면 도움이 된다. 담당자에게 따로 질문을 하지 않으면 세세하게 알려 주지 않는 경우가 많기 때문에 적극적인 질문으로 강연 준비를 하는 것이 좋다. 강연 계획서를 먼저 보내 달라고 하는 경우가 있기 때문에 약속한 날짜에 계획서를 전달하고 이후의 시간을 활용해 강연 준비를 하면 된다. PPT 활용이 어려운 경우 미리 배워 두면 도움이 된다. 강연이 부담스러워 걱정이라면 롤 모델로 생각하는 사람의 강연을 자주 보면서 아이디어를 얻는 것도 좋다. 강연은 한 번으로 끝나는 것이 아니라 다음번에 다시 불러주거나 다른 곳에 추천을 해주기도 하기 때문에 처음이자 마지막이라는 마음가짐으로 철저하게 준비해야 한다.

다양한 곳에서 강연을 하다 보면 청중의 성향이 다양함을 느낀다. 예상치 못한 상황이 발생하기도 한다. 사람에 대한 이해가 없고 공감 능력이 부족하다면 다양한 청중의 마음을 헤아리는 데 어려움을 겪을 수 있다. 자신과 맞지 않는 사람이라도 잘 어우러질 수 있는 넓은 마음이 필요하다. 직장에서는 한정된 사람들을 상대하면 되지만 1인 기업가는 그렇지 않기 때문이다. 언제 어디서 어떤 사람을 만날지 예측할 수 없다.

김은성 작가는 그의 책 《인류 최고의 설득술, 프렙》에서 청중 앞에서 이야기해야 할 때 스스로 되돌아볼 세 가지를 언급한다. 첫째, 내가 말하고자 하는 것이 내가 정말 알고 있는 것인가. 그에 대한 깊은 고민을 했는가. 둘째, 청중의 상태와 마음을 알고 있는가. 셋째, 그 상황에서 효과적으로 전달할 수 있는 방법을 알고 있는가이다.

자신이 진짜 아는 것이 무엇이고, 모르는 것은 무엇인지 구분할 줄 알아야 한다. 청중이 듣고 싶은 이야기가 무엇인지 알고 있어야 하며 깊이 공감할 수 있는 이야기를 해야 한다. 말하기 전에 충분히 고민해야 하며 청중의 수준에 맞게 전달해야 할 것이다.

책이 출간된 후 준비하는 것보다는 할 수 있는 노력을 미리 해두도록 하자. 이미 강연가가 된 것처럼, 이미 컨설턴트가 된 것처럼 말이다. 본격적인 활동을 시작하기 전, 시뮬레이션을 해보며 미리 준비한다면 기회가 왔을 때 주저하지 않고 잡을 수 있다.

책을 잘 쓰는 것도 중요하지만 책과 연결된 기회들을 놓치지 않아야 한다. 책을 쓰기 전부터 이후의 삶을 상상하며 강연과 컨설팅을 위한 준비를 해나간다면 출간 이후에 더 큰 자신감으로 나아갈 수 있을 것이다.

책 쓰기 7단계 전략　　2

1단계 : 주제와 타기팅
— 독자가 당신의 책을 읽어야 할 이유는 무엇인가

　블로그에 다양한 주제로 글을 쓰면서 언젠가는 그 글을 모아서 책을 내고 싶다고 말하는 사람들이 많다. 하지만 블로그 글을 모아서 책으로 내려는 계획이라면, 처음부터 목적과 콘셉트를 정한 후 글을 쓰는 편이 낫다. 두루뭉술하게 다양한 주제로 글을 쓰다 보면 확신을 갖기 어려워지고, 결국 '나는 어떤 주제로 책을 써야 하지?'라는 고민만 하게 된다.

　책의 주제를 잡는 일은 독자를 향해, 세상을 향해 내가 전하고 싶은 하나의 메시지를 정하는 것이다. 프랑스의 대문호 오노레 드 발자크는 "잘 숙성된 주제는 제 발로 찾아온다."고 말했다. 그의 말처럼 진정으로 좋은 주제란 독자의 관점에서 깊이 고민하고 나아가야 할 방향과 조화를 이루며 자연스럽게 다가오는 것이라 생각한다.

혹시 여러분이 지금 책을 쓰고 있다면 독자들이 왜 당신의 책을 읽어야 하는지 명확히 설명할 수 있는가? 예를 들어 '사장들을 위한 마인드'를 주제로 책을 쓴다면 타깃 독자를 세분화해서 내가 줄 수 있는 가치와 연결해야 한다. 나는 2018년에 출판사의 제안으로 여자 사장들의 마인드를 강화하는 《여자 사장, 성공할 수밖에!》라는 책을 출간했다. 기존에 출간된 책들은 대부분 남성의 관점에서 쓴 책이기 때문에 기존의 책들과 차별화할 수 있는 콘셉트로 여성 사장들을 타깃으로 포지셔닝하여 기획한 것이다.

세 번째 책 《여자의 인생을 바꾸는 자존감의 힘》은 '경력 단절로 인해 자존감이 하락한 여성'을 타깃으로 쓴 책이다. 출간 후 독자들로부터 많은 메시지를 받았는데, 이 책을 접한 초기 독자는 내가 생각했던 경력 단절 여성들이었다. 그런데 입소문이 나면서 독자가 점차 미혼 여성, 남성 독자 등으로 확산되었다. 정확한 타깃 독자가 없다면 확산 독자도 기대할 수 없다. 최근에는 블로그 이웃 중 남성 독자들이 이 책을 읽고 리뷰를 올려주었는데, 감사하게도 남녀 모두에게 도움이 되는 책이라는 후기를 남겨주었다. 독자는 저자를 선택할 수 있지만 저자는 독자를 선택할 수 없다.

K는 아나운서 경력으로 오랜 기간 강의를 이어온 분이다. 그녀는 오래전부터 자신의 브랜드를 강화하기 위해 책을 써야겠다는 생각을 해 왔지만, 어떤 주제로 책을 써야 할지 방향을 정하지 못한 채 시간만 흘렀다고 한다. 나는 그녀의 자기소개서를 읽으며 차별화된 콘셉트를 잡기 위해 고민했다. 관련 분야의 책들을 살펴보며 K만의 차별 포인트를 살릴 수 있는 요소가 무엇인지 생각했고, 핵심 키워드를 정해 하나의 문장으로 표현했다. 내 조언을 들은 그녀는 자신이 오랫동안 고민했던 것이 무엇이었는지 드디어 깨달았다고 말했다. 이처럼, 내가 독자들에게 전달하고자 하는 내용이 무엇인지 핵심 키워드를 정해 한 문장으로 표현할 수 있어야 한다. 나만의 콘셉트를 표현할 수 없다면 책 쓰기를 위한 첫 단추를 채울 수 없다.

J는 최근 나에게 책 쓰기 수업을 듣고 초고를 집필하고 있다.

사실 그녀는 작년에 집필을 시작해 원고 대부분을 쓴 상태였는데 중도에 포기했다고 했다. 그 이유는 주제와 목차에 확신이 없어 원고가 잘 써지지 않았기 때문이다. 처음에 자신의 경력과 비전에 대해 충분히 고민하지 않고 순간 떠오른 주제로 정하고 목차 또한 생각나는 대로 결정하다 보니 원고를 쓸수록 확신이 들지 않았던 것이다. 결국 J는 자신이 정한 주제와 목차로는 독자에게 도움을 줄 수 없을 것 같다는 생각에 포기할 수밖에 없었다.

수업 시작 후 J의 창업 경력으로 독자들에게 전해줄 수 있는 핵심 메시지에 초점을 맞춰 주제와 타깃을 다시 설정했다. 그제야 그녀는 자신이 독자들을 향해 하고 싶은 말이 무엇이었는지 명확히 깨달았다고 했다. 현재 자기 확신과 큰 자신감으로 집필 중이다.

자신에게 딱 맞는 주제만 제대로 잡아도 마음이 흔들리지 않는다. 자신이 가진 것 중 남들과 차별화되는 가치가 무엇인지 깊이 들여다봐야 한다. 직장인이라면 직장 안에서만 고민할 것이 아니라 시야를 넓혀서 생각해 볼 필요가 있다. 취미나 관심사, 오랫동안 고민하고 있는 주제에 대해서 말이다.

책의 주제를 정할 때는 현재 출간되는 책들을 고루 살펴보면서 독자들의 관심이 어디로 향하는지 분석해 보면 좋다. 내가 정한 분야에 출간된 기존 책들을 참고하며 차별화된 콘셉트를 고민해 보자. 경쟁 도서뿐만 아니라 유사 도서까지 확장해 나가면서 도움이 될 만한 책들을 살펴보기를 권한다.

꼭 책이 아니더라도 사람들이 어떤 고민을 하는지, 어떤 것에 관심이 많은지 들여다보는 노력도 필요하다. 내가 생각하는 타깃 독자들이 주로 활동하는 공간에서 그들의 생각을 살펴보는 것도 도움이 될 것이다. 나는 첫 책을 쓸 때 규모가 큰 온라인 카페, 지식인, 블로그 등을 자주 살펴보았다. 주제와 관련된 기사나 칼럼도 도움이 되었다.

최근 카페나 레스토랑도 독창적인 콘셉트를 내세운 곳이 큰 인기를 끌고 있다. 많은 사람들이 이러한 특별한 장소를 방문해 사진을 찍고 자신의 SNS에 공유하듯, 책 역시 독자에게 신선하고 독창적인 콘셉트를 제시할 때 주목받을 수 있다.

'타깃을 좁히면 과연 읽을 사람이 있을까?'라는 고민이 들 수 있다. 하지만 타깃은 생각보다 더 뾰족하게 설정해야 방향을 잃지 않고 책을 쓸 수 있다. 책이 출간된 후에는 독자층이 자연스럽게 넓어지기 마련이다. 나는 직장 이후의 삶에 대해 고민하는 직장인들이 퍼스널 브랜딩을 실현할 수 있는 방법을 알려 주고 싶었다. 이를 위해 시중에 퍼스널 브랜딩에 관한 책들을 면밀히 조사한 뒤, 차별화를 위한 단계별 전략을 제시하는 책을 쓰기로 결심했다.

간혹 '내가 가진 것으로 독자에게 어떤 도움을 줄 것인가'라는 관점이 아닌, '나를 어떻게 알릴까'라는 관점으로 책을 쓰는 사람들이 있다. 그러나 그런 책은 독자로부터 외면받을 수 있다. 독자는 저자에 대한 관심보다는, 이 책을 통해 무엇을 얻을 수 있는지가 중요하다. 좋아하는 연예인이 쓴 책이라면 무슨 내용이든 상관없이 집어 들겠지만, 우리는 연예인이 아니다.

혼자 책 쓰기를 준비한다면 자신의 지난 삶을 깊이 있게 들여다봐야 한다. 살아온 시간 속에서 자신의 강점, 차별점, 필살기, 철학 등을 녹이면서도 독자들에게 도움이 될 만한 주제를 고민하자. 제목부터 목차, 본문까지 일관된 콘셉트를 유지하며 이야기를 전하는 것이 핵심이다. 처음부터 끝까지 하나의 콘셉트를 놓치지 않고 완성하는 데 집중하자.

책을 쓰기로 마음먹기까지 수많은 시행착오를 겪으며 성장해 온 자신을 떠올려보자. 아무것도 모를 때 막막함을 느꼈던 처음의 내 모습과 비슷한 사람을 타깃 독자로 생각하면 좋다. 그들의 고민을 해결해 주겠다는 마음으로 집필한다면, 더 나은 결과물을 만들 수 있을 것이다. 기존에 나와 있는 책들과 차별화된 나만의 책을 독자들이 선택할 확실한 이유를 만들어내는 데 집중하자.

2단계: 제목과 목차
– 한눈에 들어오는 책의 설계도 완성하기

오랜 고민 끝에 책의 주제를 정했다면, 이제 제목을 정해야 한다. 그래야 목차를 체계적으로 구성할 수 있기 때문이다. 집 짓기에 비유하자면 책의 주제는 어떤 집을 지을 것인지를 정하는 것과 같다. 전원주택을 지을지, 아파트를 지을지를 결정하는 것이다. 만약 전원주택을 짓기로 결정했다면 자연 친화적, 현대적, 전통 한옥 스타일 등 전원주택의 구체적인 콘셉트를 정해야 한다. 이때 책 제목은 전원주택의 콘셉트를 정하는 것과 같다.

출판계에서는 '책은 제목 장사'라는 말을 자주 한다. 판매를 위해 독자를 사로잡는 제목은 매우 중요하기에 책을 인쇄하기 전까지 더 나은 제목을 고민한다. 사람을 만나 첫인상을 결정하는 데 단 몇 초밖에 걸리지 않는 것처럼 책 제목으로 첫인상이 결정된다. 한눈에 들어오고 어떤 내용인지 가늠이 되는 제목, 흥미를 끌 수 있는 제목이 좋다. 부정적인 단어는 되도록 넣지 않는 것이 좋다.

사람들이 관련 키워드를 검색했을 때 발견할 수 있도록 핵심 키워드를 넣는 것도 좋다. 예를 들면, '습관', '퍼스널 브랜딩', '글쓰기', '독서', '마케팅', '창업' 등 핵심 키워드를 제목에 넣어서 짓는 것이다. 오프라인 서점이나 온라인 서점에서 관련 책들의 제목을 보면서 아이디어를 얻는다면 어렵지 않게 다양한 제목 리스트를 뽑을 수 있다. 그중에서 가장 임팩트 있는 제목 하나를 결정하면 된다. 제목만으로 어떤 책인지 예측하기 어렵다면 부제를 추가하는 것이 좋다. 부제는 이 책의 대상 독자가 누구이며, 전달하려는 핵심 메시지가 무엇인지 명확히 드러나야 한다.

차별화된 콘셉트를 담은 제목을 정했다면 다음으로 목차를 구성해야 한다. 이 책의 핵심이 무엇인지, 무엇을 말하려고 하는지 목차에서부터 전달이 되어야 한다.

얼마 전 《삶이 글이 되는 순간》을 읽은 한 독자가 책의 목차를 보고 구입했다는 후기를 전했다. 나는 이 책에서 글쓰기를 통한 성장의 4단계를 제시했는데. 독자는 목차를 보며 현재 자

퍼스널 브랜딩의 모든 것

신의 성장 수준은 2단계에 머물러 있음을 자각하고, 다음 단계로 나아가야겠다는 필요성을 느껴 책을 샀다고 했다. 그리고 목차를 보고 책을 산 경우는 이번이 처음이라는 말을 덧붙였다.

대부분의 사람들은 제목을 보고 책을 산다. 유명인이 쓴 책이거나 베스트셀러라는 이유만으로 고민 없이 사는 경우가 많다. 하지만 책을 좋아하고 자주 읽는 독자들은 목차까지 꼼꼼히 살핀다. 목차가 성의 없거나 기대감을 주지 못하면 책 구매로 이어지지 않는다. 독자뿐만 아니라 내가 쓴 원고로 출판사와 계약을 잘하기 위해서도 완성도 높은 목차는 반드시 필요하다.

나는 목차를 제대로 만들지 않은 상태로 원고를 쓰지 않는다. 설계도 없이 집을 짓는 것처럼 확신이 서지 않기 때문이다. 나에게 딱 맞는 주제와 콘셉트, 제목과 목차 없이는 중언부언하는 원고를 쓸 수밖에 없다. 나침반 없이 항해를 하는 것과 같다. 설계도 없이 집을 지을 수 없듯 책 쓰기도 마찬가지다. 제목과 목차로 한눈에 들어오는 책의 설계도를 완성한 후 집필에 들어가야 흔들리지 않고 끝낼 수 있다.

목차는 장(章) 제목과 꼭지들로 이루어진다. 장은 보통 4장에서 5장 정도로 구성하기를 권하지만 주제에 따라 그 이상으로 정해도 상관은 없다. 다만 독자 입장에서 장이 너무 많으면 한

눈에 들어오지 않는다는 것을 유념해야 한다.

목차를 만들 때의 목표는, 독자가 목차만으로도 책의 내용을 빠르게 파악하고, 그 자체로 마음을 움직일 수 있도록 하는 것이다. 실제로 책을 읽고 메시지를 보내온 독자들 중에는 목차를 보고 동기부여를 받았다는 말을 전한 이들도 있었다.

목차는 원고만큼이나 많은 에너지가 소요된다. 최선을 다한 원고는 목차부터 다르다. 몇 달 전 출판사와 계약을 했던 수강생은 출판사로부터 목차가 훌륭하다는 피드백을 받았다. 독자가 목차를 자세히 보든 그렇지 않든, 출판사는 목차를 매우 중요하게 여긴다는 점은 분명하다. 유명인이어서 이름값만으로도 책 판매에 걱정 없는 경우 출판사가 많은 도움을 줄 수 있겠지만 평범한 사람이 출판사와 계약을 진행하기 위해서는 반드시 매력적인 목차가 필요하다는 것을 기억하길 바란다. 한 지인은 출판사가 그의 블로그를 보고 출간 제안을 했으나, 목차를 제대로 준비하지 못해 계약이 성사되지 못한 사례도 있었다. 저자가 무엇을 말하고 싶은지 명확히 전달하지 못한다면, 출판사도 확신을 가지기는 어렵다.

내가 출간한 책을 통해 장 제목의 몇 가지 흐름을 살펴보자.

예시1. 《삶이 글이 되는 순간》

1장 나의 정체성 찾기
2장 자율적인 존재로 살아가기
3장 글 쓰는 사람으로 홀로서기
4장 글쓰기로 자신의 한계를 넘어서기

이 책은, '삶이 글이 되는 순간 우리의 인생은 빛이 난다.'는 메시지를 전하는 책이다. 글을 통해 성장하는 삶을 살기 위한 단계별 전략을 제시하며, 각 장의 제목은 독자들이 단계별로 따라오면서 성장할 수 있도록 계단식 흐름으로 구성했다. 이렇게 독자들에게 하나의 메시지를 전달하기 위해 단계별 전략을 장 제목으로 구성할 수 있다. 장 제목이나 문구를 보고 어떤 내용이 담겨 있을지 쉽게 파악할 수 있으며, 더 알고 싶다는 호기심을 불러일으킨다면 성공적인 구성이다. 멋진 문구나 제목을 찾기 위해 책 속의 좋은 문장이나 온라인 서점에 게시된 문구들을 꼼꼼히 살펴보는 것도 많은 도움이 된다.

다음 예시를 살펴보자.

예시 2.《나를 깨우는 책 읽기 마음을 훔치는 글쓰기》

1장 삶이 흔들릴 때야말로 책을 만날 결정적인 순간이다
2장 마음과 마음을 잇고 세상을 넓히기 위해 읽는다
3장 쓴다는 건 나를 발견하는 일이다
4장 글쓰기만큼 나를 사랑하고 세상을 긍정하는 도구
　는 없다

　이 책은 독서와 글쓰기라는 두 가지 큰 주제를 다루고 있다. 1장과 2장은 독서에 대해, 3장과 4장은 글쓰기에 대해 이야기한다. 한 권의 책에서 두 가지 주제를 다루는 경우는 드물지만, 이처럼 연관성이 있는 경우라면 주제를 분리해서 장 제목을 구성할 수 있다. 사실 독서와 글쓰기는 떼어서 생각할 수 없는 부분이기 때문에, 한 권의 책을 통해 두 주제의 중요성을 이해하고 자신의 삶에 적용할 수 있도록 구성했다. 장 제목만으로도 저자가 말하고자 하는 바가 무엇인지 파악할 수 있다면 훌륭한 제목이라 할 수 있다.

예시 3.《여자의 인생을 바꾸는 자존감의 힘》

1장 대한민국에서 여자로 산다는 것
2장 자존감이 여자의 몸과 마음을 지배한다
3장 현명한 여자는 자존감을 잃지 않는다
4장 여자의 인생을 바꾸는 7가지 자존감 수업
5장 온전한 나로, 내 삶의 주인으로 살아가라

이 책은 여성의 자존감을 높이기 위해 쓴 책이다. 독자들이 책을 찾는 가장 큰 이유는 자신이 가진 문제에 대한 해답을 얻기 위해서다. 함께 생각해 보고 싶은 메시지를 독자에게 던지고 자신만의 관점으로 몇 가지 포인트를 정해 해답을 찾을 수 있도록 장 제목을 구성했다. 장 제목만으로도 이 책을 관통하는 핵심 주제를 파악할 수 있다. 독자 입장에서 주제에 대해 고민해 볼 시간을 주고 자신이 가진 문제의 해답을 책을 통해 찾을 수 있을 거라는 기대감을 갖도록 한다. 이 구성은 독자가 고민해 볼 문제를 제시하고, 그에 대한 설명과 반드시 짚고 넘어가야 할 핵심을 다룬 뒤, 저자의 관점에서 제시하는 해답과 마무리로 이어진다.

자신의 콘셉트에 맞는 상 제목을 정했다면 꼭지 제목을 정해야 한다. 《여자의 인생을 바꾸는 자존감의 힘》의 4장을 예로 들어보겠다. 4장은 '여자의 인생을 바꾸는 7가지 자존감 수업'이다. 하위 꼭지는 7개이고 다음과 같다.

4장 여자의 인생을 바꾸는 7가지 자존감 수업

1. 자존감 회복은 관계 회복으로부터 시작하라
2. 자신의 모든 면을 인정하고 수용하고 사랑하라
3. 홀로 있을 때 더 아름다운 여자가 되라
4. 경제적 자립을 위해 돈에 대한 관점을 바꿔라
5. 가끔은 이기적이어도 괜찮다
6. 하루 10분, 감사 일기로 나와 마주하라
7. 진짜로 이뤄질 때까지 이뤄진 것처럼 행동하라

4장은 독자들에게 자존감을 높이기 위해 실천해야 하는 것들에 대해 이야기한다. 장 제목의 메시지를 벗어나지 않는 범위에서 하위 꼭지 제목을 정해야 한다. 자존감을 높이기 위해 일상에서 실천할 수 있는 방법들을 고민하고, 이를 독창적이고 매력적인 문구로 표현하는 것이다. 7가지가 아니라 9가지로 정했다면, 하위 꼭지도 그에 맞게 조정하면 된다.

주제와 콘셉트에 부합하는 제목과 목차가 정해졌다면, 확신을 가지고 끝까지 원고를 써낼 수 있을 것이다. 시간이 걸리더라도 한눈에 들어오는 책의 설계도를 먼저 완성하고 원고를 쓰자. 독자를 향해 내가 꼭 하고 싶은 메시지가 무엇인지 충분히 고민하면서 말이다.

3단계: 집필 계획
— 끝까지 해내기 위한 철저한 집필 계획 세우기

책을 쓰는 사람이 단순히 출간만을 목표로 빠르게 책을 내는 데만 집중하면 퀄리티를 놓치기 쉽다. 집필 계획과 출간 이후의 목표가 명확해야 원고에 더 몰입할 수 있고, 완성도를 높게 유지할 수 있다.

최근에 네 명의 수강생이 수업 종료 후 한 달 만에 초고를 완성했다. 한 달이라는 시간만 보면 빠른 결과처럼 보이지만, 주제를 정하는 것부터 약 4개월 동안 철저히 준비한 결과다. 그들은 철저한 계획하에 수업을 병행하며 책을 많이 읽고, 틈틈이 사례도 수집하며 착실히 준비했다. 대부분 직장인임에도 불구하고, 어떻게 이런 성과를 낼 수 있었을까? 철저한 집필 계획을 세우고 시작했기 때문이다. 상황에 맞는 시간 관리, 체력 관리까지 신경을 썼다. 책 쓰기는 다른 글쓰기와는 달리 체력 관리가 필수다. 일하는 시간을 제외하고 투자할 수 있는 시간이 모두 다르기 때문에 자신에게 맞는 방식으로 철저한 시간 계획을 세워야 한다.

직장에 다니면서 책을 쓰는 사람들은 출근 전, 퇴근 후의 시간 대부분을 집필에 투자한다. 글이 잘 써지는 장소를 정해 매일 일정한 시간에 글을 쓴다. 평일에 채우지 못한 부분은 주말에 보충한다. 집필에 방해가 되는 모임이나 약속은 최소화하고 가능한 한 모든 에너지를 집필에 집중한다. 그렇게 매일 정해진 장소에서 정해진 시간에 원고를 쓰다 보면 어느 순간 탄력이 붙어서 이전보다 몰입하여 빠르게 쓸 수 있다.

특히 가족의 동의와 협조는 필수적이다. 육아를 병행하는 경우, 가족의 협조가 없다면 집필을 이어가기 어렵다. 직장 생활과 책 쓰기를 동시에 해내려면 보통 이상의 열정과 절실함이 요구된다. 간절한 마음으로 집필에 임하는 사람은 끝까지 완주할 가능성이 높지만, 그렇지 않은 사람은 중도에 포기할 확률이 크다.

개인 사정에 따라 집필에 투자할 수 있는 시간은 모두 다르기 때문에 목차까지 완성한 후 한 꼭지를 먼저 써 보면서 필요한 시간을 계산하고 가능한 목표일까지 정하도록 하자. 목표일을 정하면 하루에 쓸 분량을 명확하게 설정하여 매일 실천할 수 있다.

하루 중 가장 집중이 잘 되는 시간대는 언제인지 체크하고, 평일과 주말에 확보할 수 있는 시간을 계산하도록 한다. 타인의 방해를 받지 않고 집중이 잘 되는 시간에 몰입해서 집필하되, 나머지 시간에는 책을 읽거나 사례를 수집하고 정리하는 시간으로 활용한다.

집필을 하다 보면 불가피하게 잠시 중단해야 하는 상황이 발생할 수 있다. 그런 경우, 핑계를 대기보다는 어떻게든 해낸다는 정신으로 주말을 활용해 목표를 달성한다. 육아를 병행하는 사람들은 아이가 잠든 시간을 최대한 활용해야 한다. 주말에는 가족들의 양해를 얻어 하루 정도는 카페에서 집중적으로 집필했으면 한다.

직장인이라면 집필하는 동안 시간을 효율적으로 활용할 필요가 있다. 예를 들어, 평소보다 한 시간 일찍 일어나 집필에 집중하거나, 점심시간을 활용해 독서를 통해 아이디어를 확장할 수 있다. 퇴근 후에는 개인적인 약속을 최대한 줄여 시간을 확보한다. 쓰고자 하는 의지가 있다면 없는 시간도 만들어 내지만 의지가 부족하면 쓸 수 없는 핑계만 늘어난다. 책을 쓰겠다는 목표가 생겼음에도 생활 방식이 이전과 다르지 않다면, 목표를 달성하기는 어려울 것이다.

단, 초고 완성 속도는 개인마다 다를 수밖에 없으니 다른 사람들의 속도와 비교할 필요가 없다. 자신이 할 수 있는 한 최선의 노력을 하면 된다. 전체 분량을 한꺼번에 완성하려고 하면 부담스럽겠지만, 매일 써야 할 분량을 쪼개어 생각하면 만만하게 바라볼 수 있다. 특히 첫 책을 쓰는 경우, 목표일을 너무 멀리 잡는 것은 좋지 않다.

몇 달 전 마지막 수업을 했던 수강생은 샘플 원고 한 꼭지를 써 본 후, 일주일에 두 꼭지 정도는 충분히 쓸 수 있겠다는 생각이 들었다고 한다. 예정된 일이 많아 빨리 완성하기는 어렵겠지만 일하는 시간을 제외하고는 최대한 집필에만 몰두하겠다고 약속했다. 결국 약속을 지켜 냈고 현재 책 출간을 기다리고 있다.

이번에 출판사와 성공적인 출간 계약을 한 또 다른 수강생은 자신이 운영하는 블로그에 초고 완성일을 공표했었다. 무조건 완성하겠다는 의지의 표현이었다. 그는 사람들에게 공표한 날에 초고를 완성했다. 목표했던 날짜보다 더 빨리 출판사와 계약을 완료해 블로그 이웃들에게 축하를 많이 받았다. 이 핑계저 핑계 대지 않고 목표를 향해 부지런히 달리는 사람이 결국원하는 것을 이루는 법이다.

집필 기간이 3개월이든 6개월이든 1년이든, 기간이 중요한 것이 아니다. 제대로 쓰는 것을 목표로 철저한 계획을 세워 지켜내는 의지가 필요하다. 힘이 풀리지 않고 끝까지 쓰기 위해 충분히 몰입해야 한다. 그 과정에서 자기 안에 있는 모든 것을 끄집어낼 수 있고 더 잘 쓰고 싶다는 욕심으로 부족함을 채우게될 것이다. 자신의 상황에 맞게 쓰되, 조금은 타이트하게 일정을 정하면 좋겠다. 책 쓰기는 자기 자신과 치열하게 싸우는 과정이다. 그러니 철저한 계획은 필수다.

4단계: 초고 집필
─ 자기 자신이 아니라 독자에게 집중하는 힘

▶ 사례 수집

나는 요리를 좋아한다. 신선한 식재료를 준비해 가족들에게 맛있는 음식을 해주는 즐거움이 크다. 흥미롭게도 요리와 글쓰기는 공통점이 많다. 훌륭한 요리를 하기 위해 좋은 재료를 사용해야 하듯 글쓰기도 양질의 재료가 필요하다. 요리를 할 때 재료가 좋다고 아무 기준도 없이 모두 넣어버리면 오히려 망치게 되듯 글쓰기도 무분별하게 사례를 적용하면 글의 흐름을 해칠 수 있다. 어떤 요리를 만들지, 깊은 맛을 내기 위해 어떻게 해야 할지를 연구해야 훌륭한 음식을 만들 수 있듯이, 글쓰기도 깊이가 있어야 독자에게 오래 기억된다.

최근 한 수강생과의 수업에서 나는 '일상의 모든 순간에서 책에 쓸 사례를 발견할 수 있다.'는 점을 강조했다. 그녀는 내 조언을 실천에 옮겼다. 일상을 보내거나 책을 읽을 때마다 자신의 이야기를 메모하고 이를 원고에 적용했다. 이처럼 간절한 마음으로 자신의 경험을 기록하는 과정은 자연스럽게 책 쓰기에 대한 몰입으로 이어진다는 것을 깨달았다.

목차별로 내가 쓰려고 하는 이야기를 간략하게 메모해 두면 원고 쓰기가 훨씬 수월하다. 처음부터 완벽하게 작업하려고 하면 막막해질 수 있다. 우선 생각나는 사례부터 쭉 정리한 다음 쉽게 쓸 수 있는 부분부터 조금씩 채워나가면 된다. 처음부터 너무 힘을 주고 원고를 쓰기 시작하면 지칠 우려가 있다. 모든 목차의 사례를 미리 찾으려는 부담을 가질 필요도 없다. 원고를 쓰는 과정에서나 일상에서도 사례는 계속 추가되기 때문이다. 책 쓰기가 생활의 우선순위가 된다면 사소한 일상에서도 사례를 발견할 수 있다. 일을 하거나 산책을 하면서, 또는 누군가를 만나 이야기를 나눌 때 등 일상의 모든 순간에서 아이디어가 나올 수 있다.

수강생들의 사례를 점검하다 보면, "이런 것도 사례가 되는지 몰랐어요."라는 말을 종종 듣는다. 이는 자신의 경험에 대한 가치를 낮게 평가했기 때문이다. 다른 사람의 경험은 대단해 보이고 자신의 경험은 별거 아니라는 생각을 많이 한다. 자신의 이야기를 계속 쓰다 보면 일기를 쓰는 것 같아 제대로 하고 있는 건지 의문이 들기도 한다. 그럴 때는, '각 꼭지 주제에 맞는 이야기인가.'라는 기준을 가지고, 독자들을 위해 내 경험과 깨달음을 나누는 가치 있는 작업이라고 생각하기를 바란다. 독자에게 전하려는 메시지에 힘을 실어 주는 이야기라면 괜찮지만 아무런 연관이 없는 이야기는 독자로부터 외면당하기 쉽다.

간혹 글을 쓰고 나서 찝찝한 기분이 든다면 그 사례는 제외하는 편이 좋다. 자신의 이야기든 가까운 사람의 이야기든, 쓰고 나서 후회할 내용은 빼야 한다. 특히 누군가에게 상처가 될 이야기라면 더더욱 신중해야 한다. 또한 타인에 대한 원망을 쏟아 내는 글쓰기는 피해야 하지만, 시간이 지나 상처가 아문 뒤 이를 객관적인 관점에서 다룬다면 독자에게도 유익한 글이 될 수 있다. 책을 쓰면서 자기 확신이 없는 경우, 그 혼란스러운 마음은 독자에게 고스란히 전달된다.

책에 넣을 사례를 수집할 때의 기준은 '독자'라는 것을 기억했으면 한다. 아무런 기준 없이 쏟아 내기만 하는 이야기가 아닌, 내가 전하고 싶은 메시지에 힘을 실어 줄 사례여야만 독자를 설득할 수 있다는 것을 잊지 말자.

▶ 책 쓰기를 위한 독서

책 쓰기를 위한 독서가 일반적인 독서와 다른 점은 바로 '몰입 독서'라는 점이다. 느슨한 마음으로 읽는 것이 아닌 '씹어 먹을 각오'로 읽는 독서이기에 몰입 독서라고 표현하고 싶다. 집필을 하다 자주 막히는 경우 더 많은 책을 읽으라고 조언한다. 책읽는 시간, 충분히 고민하는 시간, 그리고 집필하는 시간이 조화를 이루어야 한다. 닫힌 사고로 좋은 책을 쓸 수 없으니 책을 쓰기 위해 다독은 필수다.

책 쓰기를 위한 독서에서 가장 중요한 것은 생각에 깊이를 더하고 자신만의 관점을 확립하는 것이다. 이전에 읽었던 책이라도 집필을 위해 다시 읽어보면 느낌이 다르다. 이는 내용을 진짜 내 것으로 만들고 공부의 본질을 깨닫게 되는 과정이다. '내가 이렇게 공부를 좋아했었나?' 하는 생각이 들 정도로 책을 쓰는 과정에서의 독서가 특별하고 소중하게 느껴진다.

본격적인 집필에 들어가면 주제와 관련된 책들을 빠르게 훑어보고 독서의 범위를 넓히는 것이 중요하다. 그러나 주제와 비슷한 책들만 읽는 것은 피해야 한다. 독서의 폭을 점차 확장하며 깊이 있는 태도로 공부하는 것이 핵심이다. 특히, '이 책을 독자들에게 소개해 주면 좋겠다.'는 생각이 든다면 그 책을 꼼꼼하게 다시 읽기를 추천한다.

아무리 유명한 저자여도 자신만의 경험과 생각만으로 책을 쓰지 않는다. 다양한 책을 읽으면서 책의 내용을 인용하기도 한다. 쓰기 위해 독서를 하며 그들도 역시 공부하면서 책을 쓴다는 것을 확인한다. 또 책을 통해 인사이트를 얻을 수도 있다. 자신이 알고 있는 것만으로 책을 쓴다는 생각보다는 부족한 부분을 공부하며 채운다는 생각으로 깊이 있는 독서를 하기를 바란다. 내가 선택한 분야에서 시작하여 점차 확장해 나가면서 시야를 넓히고 놓치고 있는 부분은 없는지 체크하자.

더 나은 원고를 위한 노력에는 끝이 없다. 하나의 주제에 대한 다양한 관점을 발견하면서 내 생각을 더욱 확고히 하여 독자에게 최상의 콘텐츠를 제공하기 위해 노력하는 사람만이 스스로 만족하는 책을 쓸 수 있을 것이다. 결국, 누군가의 말을 단순히 반복하는 것이 아니라, 나만의 관점을 가지고 책을 쓰기 위해서라도 많이 공부하고 깊이 고민해야 한다.

▶ 초고 쓰기

《헤밍웨이의 글쓰기》에는 작가가 갖추어야 할 태도에 대한 헤밍웨이의 통찰이 담겨 있다.

그는 책을 쓰는 작가가 지나친 야망에 사로잡혀 서두르게 되면 허접한 글을 쓸 수밖에 없다고 경고한다. 또한, 영감의 우물에 물이 말라 있을 때도 글을 쓰고, 본성이 드러나면 그걸 정당화하려고 쓰레기 같은 글을 더 많이 쓰게 된다고 일침을 가한다. 지속적으로 책을 쓰는 작가라면 헤밍웨이의 말처럼 개인적인 욕심보다는 독자의 입장에서 되도록 좋은 글을 쓰려고 노력해야 한다.

원고를 쓰면서 자신의 주장만 반복하면 독자 입장에서는 공감하기가 어렵다. 주장을 한 후에는 반드시 그 주장에 대한 근거와 이유를 설명해야 한다. 또한, 자신의 경험을 자세히 풀어내거나 관련된 이야기를 덧붙이면 독자 입장에서 이해하고 공감하기 쉬워진다. 주장만 거듭하는 글은 설득력이 떨어진다. 내이야기, 다른 사람의 이야기, 관련된 스토리 등 다양한 사례를 활용해 흥미롭게 읽히면서도 공감을 이끌어내는 글을 쓰면 좋겠다.

칼럼을 쓰듯 한 꼭지 한 꼭지를 하나의 완성된 칼럼이라고 생각하면 된다. 하나의 큰 주제를 관통하도록 쓰되, 각 꼭지가 독립적인 완결성을 갖추게 쓰는 것이다. 나는 대부분의 꼭지를 쓸 때 주제를 염두에 두고 자연스럽게 떠오르는 생각이나 경험으로 서론을 시작하는 경우가 많다. 서론은 독자들이 부담 없이 글을 읽어 나갈 수 있도록 문을 여는 첫 문단이라고 생각하면 된다. 처음부터 본론으로 들어가거나 너무 힘을 주어 이야기하면 공감을 얻기 어렵다.

친구와 대화를 시작할 때를 떠올려보자. 다짜고짜 본론으로 들어가기보다는 서로의 안부도 묻고 공감할 수 있는 이야기를 나눈 후 하고 싶은 이야기를 시작하면 자연스럽게 대화가 이어질 것이다. 글도 마찬가지다. 서론은 독자가 본론으로 자연스럽게 이어질 수 있도록 연결하는 다리 역할을 한다. 잘 쓴 서론은 독자를 다음 글로 이끌면서도 과도한 힘을 주지 않아야 한다.

서론에는 독자가 공감할 수 있는 가벼운 이야기, 흥미를 끄는 에피소드, 또는 생각할 거리를 던져주어 독자가 계속 글을 읽어 나가도록 유도해야 한다. 원고를 쓸 때 첫 문장부터 완벽하게 쓰려고 하면 부담이 커질 수밖에 없다. 본론을 먼저 쓰고 결론을 쓴 후 서론을 써도 되고, 본론을 쓰면서 떠오르는 아이디어가 있으면 그때 작성해도 좋다. 대부분의 완벽주의자들은 처음부터 완벽하게 진도를 나가려고 해서 오히려 시간을 허비한다.

서론은 글의 첫인상인 만큼 대충 쓸 수는 없지만, 지나치게 힘을 줄 필요도 없다. 《삶이 글이 되는 순간》의 프롤로그 한 꼭지를 쓰는 데 일주일이 걸렸다. 원고를 다시 읽으며 책의 핵심적인 내용을 본론에 담았고 그 과정에서 결론도 자연스럽게 쓸 수 있었다. 서론에 대한 부담감을 내려놓고 나서야 비로소 프롤로그를 완성할 수 있었다.

본론에서는 적절한 사례를 활용해 독자를 설득해야 한다. 사례는 최소 2~3개 이상 준비하면 원고 작성이 훨씬 수월해진다. 다만, 사례를 단순히 나열하는 것은 지양해야 한다. 글이 사례의 집합처럼 보이지 않도록 사례를 바탕으로 자신의 견해를 충분히 드러내야 하며, 이를 통해 독자가 실생활에 어떻게 적용할 수 있을지 구체적인 방향을 제시해야 한다. 작고 사소해 보이는 사례라도 심도 있게 다루면 독자에게 유의미한 가치를 전달할 수 있다. 더 나아가, 독자의 깊이 있는 성찰을 유도할 수 있는 사례를 선택하면 설득력과 효과가 배가된다.

글을 작성할 때 서론과 본론이 아무리 훌륭해도, 결론이 부족하면 독자에게 강한 인상을 남기기 어렵다. 결론이 중요한 이유는 독자들은 맨 마지막에 읽은 것을 오래 기억하기 때문이다. 임팩트 있는 결론이 필요한 이유다. 나는 원고를 쓸 때 결론에 신경을 많이 쓴다. 독자가 서론과 본론을 읽은 뒤, 결론에서 마음이 움직이기를 바라기 때문이다. 결론은 단순히 글의 마무리가 아니라, 독자들에게 깊은 여운과 메시지를 남기는 핵심 부분이다. 결론을 통해 독자들은 저자의 핵심 주장을 다시금 상기하며, 글에서 얻은 통찰을 자신의 삶에 적용할 가능성이 높아진다. 실제로 강력하고 명확한 결론은 독자가 책을 추천하거나 다시 찾게 만드는 주요 요인이 되기도 한다.

결국 초고에서는 서론, 본론, 결론이 유기적으로 연결되어 자연스럽게 흐르는 구성을 갖춰야 한다. 집필 과정에서 동기를 잃지 않고 끝까지 정성을 들여야만 독자에게 긍정적인 에너지를 전달할 수 있으며, 궁극적으로 독자의 삶을 변화시키는 책을 완성할 수 있다. 모든 초고는 완벽하지 않다. 이후 퇴고 과정에서 더욱 다듬어질 수 있기 때문이다. 하지만 몰입과 정성을 들인 만큼 초고의 완성도를 높일 수 있다는 점을 잊지 않기를 바란다.

5단계: 퇴고의 3단계
– 책의 완성도를 높이는 인고의 과정 (feat. 퇴고 체크리스트 7)

나는 초고 집필을 마친 수강생들에게 1~2주 정도 휴식의 시간을 가지라고 조언한다. 그동안 바쁘게 달려왔기 때문에 퇴고 전에 충분한 휴식을 취하는 것이 좋다. 오랜 시간 같은 원고를 보고 있으면 문제점을 객관적으로 판단하기가 쉽지 않다. 푹 쉬고 나면 새로운 눈으로 원고를 마주할 수 있기 때문에 오히려 빠르게 퇴고를 할 수 있다.

수강생이 초고 집필을 끝내면 나에게 초고 검토를 받는다. 나는 원고를 검토하며 꼭지 주제에 맞는 사례를 제대로 적용했는지를 먼저 체크한다. 적절하지 않은 사례는 교체하고, 내용이 부족한 부분은 보완한다. 긴 문장은 짧게 나누고, 복잡하거나 이해하기 어려운 문장은 쉽고 명확하게 고친다. 이 과정은 단순히 글을 다듬는 데 그치지 않고, 잘못된 글쓰기 습관을 바로잡는 데도 도움을 준다.

글을 쓰다 보면 나도 모르게 습관적으로 사용하는 표현이 드러나곤 한다. 퇴고는 글을 다듬는 과정이기도 하지만 마음을 다듬는 과정이기도 하다. 마음이 단정하지 않은 상태에서 쓴 글을 읽으며 나도 몰랐던 내 모습을 발견할 때가 있다. 글을 수정하면서 마음가짐도 달라짐을 느낀다.

초고에서 놓친 부분은 퇴고에서 바로 잡아야 한다. 이때 저자의 관점이 아닌 독자의 관점에서 원고를 바라보는 것이 중요하다. 퇴고의 1단계는 원고를 전체적으로 보면서 기획 의도에 맞게 썼는지 확인하는 작업이다. 각 꼭지의 사례가 주제와 적합한지 점검하고, 저자의 관점이 잘 녹아 있는지도 살펴야 한다. 필요한 경우 사례를 교체하거나 보완할 수 있다.

우선 꼭 포함되어야 할 내용이 제대로 들어갔는지 확인한 뒤, 이를 정리하는 과정을 거쳐야 한다. 또한 가독성을 높이기 위해 문단을 이동하거나, 앞뒤 연결이 자연스럽지 않은 부분을 수정한다. 불필요한 내용은 삭제하고, 연결성을 위해 필요한 내용을 보충하는 작업도 함께 진행해야 한다.

퇴고의 2단계는 1단계보다 더 세부적으로 원고를 다듬는 작업이다. 1단계에서 전체적인 흐름과 내용의 적합성을 체크했다면, 2단계에서는 범위를 좁혀 각 문장을 꼼꼼하게 수정하고 보완한다. 불필요한 문장이나 중복된 표현은 삭제하고, 부적절한 단어는 보다 적합한 표현으로 교체한다. 긴 문장은 짧게 줄이거나 두 문장으로 나누어 가독성을 높인다. 군더더기 표현을 줄이다 보면 분량이 예상보다 크게 줄어드는 경우가 많다. 이는 불필요한 내용을 많이 포함했음을 의미한다. 생략해도 글의 흐름에 문제가 없다면 생략하는 것이 바람직하다. 예를 들어, '그래서', '그런데', '이에 따라', '그렇다 할지라도', '한편', '결과적으로', '그러므로', '너무', '것' 등의 표현은 습관적으로 쓰기 쉬운데, 이해에 지장이 없다면 삭제하는 것이 좋다. 불필요한 접속사, 부사, 형용사, 의존 명사, 지시어 등을 정리하는 것만으로도 문장은 훨씬 깔끔해진다. 맞춤법이 헷갈리는 부분은 반드시 사전을 찾아 확인해야 한다. 이 과정을 거치면 문장의 정확성과 완성도가 크게 향상될 것이다.

마지막으로 퇴고 3단계에서는 맞춤법과 세부적인 요소를 다듬는 마무리 단계다. 1단계와 2단계에서 놓친 것은 없는지 마지막으로 체크 하면서 원고를 매끄럽게 정리한다. 물론 출판사와 계약을 하면 편집팀에서 교열을 볼 테지만, 저자가 할 수 있는 최선의 노력을 다할 때 스스로 만족할 수 있다.

책을 쓰고 있는 사람들은 퇴고를 언제까지 해야 하는지 자주 묻는다. 나는 '이 정도면 괜찮겠지.'가 아니라 '더 이상 고칠 수 없다.'는 확신이 들 때까지 퇴고해야 한다고 조언한다.

실제로, 한 저자는 책 출간 후 맞춤법 오류가 많다는 독자의 피드백을 받고 퇴고를 꼼꼼히 하지 않은 것을 후회하기도 했다. 출판사가 얼마나 정성을 들여 편집할지는 저자가 알 수 없는 영역이다. 결국, 책이 출간된 후 후회하지 않으려면 저자가 할 수 있는 최선을 다해야 한다. 독자가 책에 몰입할 수 있도록, 고칠 수 있을 때까지 정성을 다해 원고를 고치는 노력이 필요하다.

책을 쓰면서 가장 많은 고민을 하는 사람은 바로 저자다. 원고를 고칠 수 있는 사람도, 그 작업을 가장 잘 해낼 수 있는 사람도 결국 저자 자신이다. 책을 쓴 의도를 가장 잘 아는 만큼, 더 깊이 고민하며 퇴고에 최선을 다해야 한다. 이를 통해 자신이 알고 있는 것과 모르고 있는 것을 명확히 파악할 수 있다.

하지만 원고를 반복적으로 검토하다 보면 이상한 점을 발견하기 어려워질 수 있다. 한 원고를 너무 오래 들여다볼 때 생기는 부작용이다. 이런 경우 어색한 문장은 소리 내어 읽어보거나 프린트해서 검토하면 도움이 된다. 모니터로만 원고를 보면 세세한 부분이 눈에 제대로 들어오지 않을 때가 많다. 잠시 쉬며 머리를 환기한 뒤 다시 원고를 살펴보면 이전에 놓쳤던 문제점들이 보이기 시작한다. 자신이 쓴 원고에서 이상함을 느낀다면, 바로 그때 더 나은 원고를 쓸 수 있는 가능성이 열린 것이다.

퇴고 과정에서는 다음과 같은 점들을 점검해야 한다. 우선, 원고가 기획 의도에 맞게 작성되었는지, 독자들의 문제를 해결할 답을 담고 있는지, 그리고 자신만의 차별화된 관점이 충분히 드러나는지를 확인해야 한다. 또한, 독자에게 일방적으로 설명하거나 가르치는 느낌을 주지 않고, 독자가 스스로 생각하고 판단하도록 유도했는지도 체크해야 한다. 반복적인 표현이나 맞춤법 오류가 없는지 꼼꼼히 살피는 것도 필수다.

퇴고는 초고 집필보다 더 힘들 수도 있다. 그러나 초고 집필에서 놓쳤던 부분을 수정하고 보완할 수 있는 마지막 기회인 만큼 심혈을 기울여야 한다. "더 이상 고칠 게 없다."는 확신이 들 때까지 몰두하는 과정에서 자신의 성장을 실감할 수 있을

퍼스널 브랜딩의 모든 것

것이다. 마지막으로, '퇴고 체크리스트 7'을 활용해 원고를 전체적으로 점검한 뒤 세부적으로 좁혀가며 꼼꼼히 다듬어보자.

no.	체크리스트	YES	NO
	퇴고 체크리스트 7		
1.	기획 의도에 맞게 썼는가?		
2.	독자들이 가진 문제에 대한 해답을 담았는가?		
3.	다른 저자와 차별화되는 자신만의 관점이 있는가?		
4.	독자 스스로 생각하고 판단하도록 썼는가?		
5.	독자가 이해하기 쉽게 썼는가?		
6.	같은 말을 반복하지는 않았는가?		
7.	맞춤법 체크를 제대로 했는가?		

6단계: 출판 계약
— 진짜 작품을 만들어 줄 단 하나의 출판사를 찾아라

L은 성공적인 책 출판 계약을 했다. 첫 책이지만 초판 부수 2,000부, 인세 10%, 계약금 100만 원을 받고 계약했다. 처음에는 '정말 계약이 될까?' 하는 마음이 있었지만, 막상 계약이 성사되니 실감이 나지 않는다고 했다. 다음과 같은 극찬을 받았다.

"이토록 양질의 원고를 언제 마지막으로 받아보았는지 모르겠습니다."

L은 수업이 끝난 지 한 달 만에 초고를 완성하고, 검토와 퇴고를 빠르게 마친 뒤 여러 출판사에 원고를 투고했다. 투고 후 며칠 만에 여러 출판사로부터 출간 제안을 받았다. 심지어 한 출판사는 두 번째 책 출간에 대해 제안을 하기도 했다. "잘 쓴 원고는 또 다른 기회를 줄 수 있다는 말"을 실감했다고 한다. 여러 출판사 중에서 원고에 대해 가장 큰 애정과 열정을 가진 출판사와 계약했다.

명확한 콘셉트를 담은 제목과 매력적인 목차 없이 출판사와 계약하기는 힘들다. 간혹 애매한 목차와 샘플 원고로 계약 후 책을 쓰는 사람들도 있다. 출판사의 입장에서는 판매가 어느 정도 보장될 거라는 기대감에 계약을 하는 것이지만, 그런 경우 출간된 책을 보면 목차가 허술한 경우가 많다. 유명 저자가 아닌 일반인 입장에서 샘플 원고만으로 계약하는 것은 쉽지 않으며 끝까지 원고를 써내는 것이 버거울 수 있다. 차별화된 콘셉트를 담은 제목과 목차를 완성한 후 목차에 맞게 원고를 써서 투고한다면 자신의 원고와 잘 맞는 출판사를 선택할 수 있고 출판사의 도움으로 퀄리티 또한 더 높일 수 있다.

Y의 경우도 마찬가지다. 며칠 전 출판사에 원고를 투고한 뒤 수십 군데 출판사로부터 러브콜을 받았다. 흔치 않은 경우다. 그녀는 수업이 끝난 후 바쁜 일정 속에서 원고를 완성하기까지 1년이라는 시간이 걸렸다. 수많은 우여곡절 가운데 자신의 일을 진정성 있게 해나가는 그녀의 모습에 감동을 받은 출판사가 많았다. 여러 출판사 대표님과 통화하고 미팅을 거친 끝에 가장 마음이 끌리는 출판사와 인세 10%에 계약금 200만 원을 받고 성공적인 계약을 했다.

모든 저자는 자신의 상황에서 최선의 노력으로 원고를 써내기에 그 가치를 알아봐 주는 출판사와 계약을 하고 싶어 한다. 나 또한 지금까지 책을 단순히 상품으로만 바라보지 않고 독자와 저자의 입장을 배려하는 출판사를 만나 즐겁게 작업할 수 있었다. 책을 잘 쓰는 것도 중요하지만, 자신과 잘 맞는 출판사를 만나는 것도 그에 못지않게 중요하다.

원고를 투고할 때는 내가 쓴 원고와 같은 분야의 책을 주로 출간하는 출판사에 투고해야 유리하다. 자기계발서를 썼는데 문학을 주로 출간하는 곳에 투고하면 안 된다. 교육 분야의 책이라면 같은 분야의 책을 주로 내는 출판사에 보내야 한다. 여러 분야의 책을 종합적으로 출간하는 출판사도 있는데, 그런 경우에는 2순위로 함께 보내면 좋다. 분야별 출판사는 온라인 서점에서도 쉽게 확인할 수 있다.

출판사 이메일을 수집할 때는 대형 서점에 가서 한 번에 수집하는 게 효율적이다. 스마트폰으로 이메일 주소만 찍어서 집에서 리스트를 정리하면 된다. 대형 서점에서 출판사 리스트를 수집하다 보면 책의 제목부터 표지들을 한꺼번에 살펴볼 수 있고 요즘 나오는 책들과 오래도록 사랑받는 책들은 어떤 책인지 알 수 있으니 공부가 많이 된다.

출판사에 원고를 보낼 때는 전체 원고 파일과 출간 기획서 파일을 함께 첨부하는 것이 기본이다. 출간 기획서는 집필 과정에

228   퍼스널 브랜딩의 모든 것

서 미리 작성해 두어도 되고, 퇴고를 한 후에 작성해도 된다. 기획서에는 기획 의도와 핵심 내용, 경쟁 서적과의 차별점, 타깃 독자, 저자 소개, 홍보 방안, 전체 목차 등을 포함해야 한다. 기획서만 보고도 출판사가 원고를 열어보고 싶어지도록 매력적으로 구성하는 것이 좋다.

메일 본문에는 간단한 인사말과 원고의 핵심 내용을 요약해 적고, 저자 프로필 중 중요한 경력을 어필하는 것이 유리하다. 특히, 경력 사항은 출판사의 관심을 끌 수 있는 중요한 요소다. 만약 출판사 홈페이지에서 원고 투고 양식을 제공한다면, 해당 양식을 작성하고 원고 파일만 첨부하면 된다. 양식이 없는 경우에도 기본 원칙을 지키며 깔끔하게 준비한 메일과 첨부 파일을 보내는 것이 좋은 인상을 남길 수 있다.

투고를 한 후에는 빠르면 1~2주, 늦으면 3~4주 이후에 연락이 오는 경우도 있으니, 너무 조급해하지 않아도 된다. 퇴고를 마친 원고를 여러 출판사에 보내면 다양한 피드백을 받을 수 있다. 거절 메시지가 많더라도 실망할 필요는 없다. 중요한 것은 방향이 맞는 단 한 곳의 출판사와 계약을 성사시키는 것이다.

여러 출판사로부터 출간 제안을 받으면, 자신의 원고와 방향이 잘 맞는 출판사를 신중하게 선택해야 한다. 첫 책 계약시 인세는 보통 6%에서 10% 사이로, 최고 대우가 10%라고 보면 된다. 초판 발행 부수는 대체로 1,000부에서 2,000부 사이로 찍는다. 도서 정가 15,000원이고 인세 10%, 초판 2,000부를 발행하는 경우 저자의 인세는 총 300만 원이 된다. 책이 출간된 후 보통 한 달 이내에 입금된다. 계약금을 받는 경우, 이는 인세의 일부를 미리 받는 개념이라서, 나중에 계약금을 제외하고 나머지 부분을 받게 된다. 여기에 3.3%의 기타 소득세를 공제한 금액이 지급된다. 이후 실제 판매 부수를 기준으로, 1년에 두 차례 또는 그 이상 인세가 정산된다. 저자 증정 부수는 보통 10~20권 정도 제공되며, 저자는 책을 대량 구매할 경우 출판사에서 정가의 60~80% 가격에 구매할 수 있다.

출판사에서 저자 프로필을 요청할 경우, 현재 하고 있는 일과 앞으로의 계획을 스토리텔링 형식으로 자연스럽게 작성하면 된다. 과거 경력 중 핵심적인 부분만 간략히 추가하고, 운영 중인 채널을 소개하면 독자들이 저자를 쉽게 찾아볼 수 있다. 추천사를 추가하고 싶다면 출판사와 논의해 충분한 시간을 두고 준비하는 것이 좋다. 지인에게 부탁할 경우에도 충분한 시간적 여유를 주어야 만족할 만한 추천사를 받을 수 있다.

출판사는 기본적으로 책을 사랑하는 사람들이 모여 있는 곳이다. 좋은 원고를 보면 칭찬을 아끼지 않는 경우가 많으며, 계약이 성사되지 않더라도 진심 어린 감사의 메시지를 전하는 출판사도 있다. 물론, 원고의 내용이 훌륭하더라도 상업적으로 큰 성과를 기대하기 어려운 주제라면 계약을 주저하는 경우도 있을 수 있다. 하지만 저자의 영향력보다 원고의 진정성과 가능성을 믿고 계약을 진행하는 출판사도 많다. 그러니 유명한 인플루언서가 아니라고 해서 자신감을 잃을 필요는 없다. 책을 쓰기로 결심했다면 할 수 있는 최선의 노력으로 원고를 쓰자. 그리고 진짜 작품을 만들어 줄 단 하나의 출판사를 찾아 계약하고, 내 이름으로 된 책을 세상에 당당히 선보이기를 바란다.

7단계: 출판 마케팅
— 마케팅의 목표는 판매를 불필요하게 만드는 것

얼마 전, 온라인 무료 특강을 진행하면서 자기계발에 진심인 사람들이 책 출판에 얼마나 관심이 많은지 알 수 있었다. 무엇보다 놀랐던 건 '책을 어떻게 쓸 것인가'보다, 책이 출간된 후 '어떻게 많이 팔 수 있을까'에 대한 관심이 훨씬 높다는 사실이었나.

한편, 책을 쓰는 사람으로서 안타까운 부분은 독자들이 자신에게 맞는 책을 찾기 위한 노력이 부족하다는 점이다. 주위를 둘러보면 이미 팔리고 있는 책, 유명인의 책만 구매하는 경우가 많다. 이런 분위기가 장기적으로 좋지 않은 이유는 양질의 책을 만들기 위한 노력은 등한시되면서 '팔기 위한 책'이 더 많이 나올 우려가 있기 때문이다. 결과적으로 좋은 책을 쓰고자 마음먹는 사람들이 줄어들까 걱정이다. 그저 많이 팔 수 있는 인플루언서가 되려는 사람들만 늘고 있는 것 같아 안타깝다.

한 해에 출간되는 책이 8만 종에 달한다고 한다. 새로운 책이 이전 책을 빠르게 밀어내는 환경에서 독자들에게 '왜 이 책을 읽어야 하는지'를 설득하는 일은 쉽지 않다. 이러한 상황에서는 무엇보다 '독자에게 도움이 되는 책을 쓰는 것'이 마케팅의 첫 단추라고 생각한다. 제품을 판매할 때 제품의 품질이 기본이듯 책도 내용에 자신이 있어야 적극적으로 마케팅을 펼칠 수 있다.

사실 책만 나오면 소원이 없겠다고 말하던 사람도 막상 책이 나오면 판매에 신경 쓰지 않을 수 없다. 하지만 단기간에 성과를 내려고 과하게 욕심을 부리는 것은 오히려 마케팅에 도움이 되지 않는다. 내용 없는 저자 강연회로 독자들의 눈살을 찌푸리게 만드는 사람들도 종종 있다. 부정적인 입소문은 빠르게 퍼진다. 책은 많이 팔렸지만 저자의 이미지는 실추되는 상황은 만들지 말자.

인지도와 별개로, 자기 브랜드 강화를 위한 지속적인 노력 없이는 책의 수명도 오래가지 못한다. 블로그를 1순위로 추천하는 이유다. 나는 아무리 바빠도 매일 블로그에 글을 올린다. 내가 올린 글을 읽고 도움을 얻은 분들은 내 책을 읽어봐 주고 입소문을 낸다. 블로그에서 인연이 되어 글로 소통하고 마음을 나누며 신뢰를 얻기까지 짧게는 몇 달, 길게는 1년 이상의 시간이 필요한 경우도 있다. 그들로 하여금 내 책을 읽도록 만드는 것은 쉽지 않다. 한 명의 '찐 독자'를 만드는 일은 이토록 힘든 일이다.

그럼에도 블로그를 통해 내 책을 읽은 사람들은 이전 책까지 찾아 읽는 경우가 많다. 한 수강생은 블로그에서 나와 몇 달간 소통한 후 나에 대한 궁금증이 생겨 최근 책을 읽었고, 이어서 이전에 쓴 책들까지 모두 읽었다고 한다. 그렇게 나에 대한 신뢰가 쌓여 책 쓰기 코칭까지 이어졌고, 그 과정에서 두 명의 지인에게 나를 소개해 주었다. 흥미롭게도, 이 지인들은 내 책을 읽지도 않았지만 소개만으로 나를 선택했다. 이처럼 독자와의 관계는 단순히 책을 팔고 끝나는 것이 아니라, 신뢰를 쌓아가는 지속적인 여정이다. 좋은 책을 쓰고 꾸준히 소통하는 과정이 결국 가장 효과적인 마케팅이 아닐까 생각한다.

책이 출간된 후에는 가능하다면 북토크를 진행해 보는 것이 좋다. 요즘에는 온라인 플랫폼, 특히 줌(zoom)으로 북토크를 많이 하고 있다. 공간적 제약이 없기에 타지역이나 해외 독자들과도 만날 수 있다는 점이 큰 장점이다. 서로 얼굴을 보며 궁금한 점을 질문하고 진솔하게 소통할 수 있어 만족도가 높다. 북토크에 참여한 사람들에게는 후기를 작성하도록 독려하고, 멋진 후기를 올려준 사람들을 선정해 저자 사인본을 보내는 것도 좋은 방법이다. 나는 종종 수강생의 요청으로 스페셜 게스트로 참여해 미니 특강을 진행하며 힘을 실어주기도 한다. 이처럼 필요하다면 도움이 될 만한 사람들과 함께 특강을 진행하는 것도 좋다.

오프라인 북토크는 적은 인원이라도 한 번쯤 시도해 볼 만하다. 그동안 7권의 책을 출간하면서 크고 작은 북토크를 여러 차례 진행해 왔다. 독자 몇 명을 선정해 브런치 데이트를 한 적도 있고, 작은 카페를 빌려 독자들의 질문을 받아 고민을 해결해 주는 시간을 가지기도 했다. 이런 만남은 시간이 지나도 행복한 추억으로 남아있다. 거창하게 생각할 필요 없이 독자들을 직접 만나 도움을 준다는 생각으로 오프라인 북토크를 기획해 보자.

새로운 독자를 만나기 위해 인스타그램 라이브 방송을 활용하는 것도 좋은 방법이다. 방송 전, 독자들에게 질문을 받는다면 소통의 폭을 넓힐 수 있다. 방송은 1주일 전부터 예고하고, 당일에 한 번 더 알리면 참여율을 높이는 데 도움이 된다. 유튜브 채널을 운영하고 있다면 유튜브 라이브 방송을 활용하는 것도 추천할 만하다.

강연을 하러 갈 때마다 섭외 담당자와 청중들을 위해 책을 몇 권씩 챙겨 가는 것도 좋은 전략이다. 강연이나 교육을 진행할 때 책을 교재로 활용하면 자연스럽게 책을 소개할 기회를 얻을 수 있다. 강연 중에 청중들에게 내가 쓴 책을 소개하면 일부 청중이 책을 구매하기도 하며, 내용이 마음에 든다면 채널에 리뷰를 올리거나 지인들에게 추천할 가능성도 크다. 실제로 강연 섭외 담당자가 책을 읽고 다음 강의를 요청하는 경우도 많다. 책이 출간되면 적극적으로 인터뷰나 강연 기회를 만들어

나가는 노력이 필요하다.

　최근 한 수강생은 예약 판매 기간 동안 출판사의 도움으로 다양한 인터뷰를 진행했고, 대학교 교수님을 통해 강의 기회를 만들어냈다. 이처럼 책은 우리가 생각하는 것보다 더 많은 기회를 준다. 내용이 훌륭한 책이라면 책은 스스로의 힘으로 오래도록 살아남는다. 얼마 전 한 독자로부터 메시지를 받았다. 출간된 지 8년도 더 지난 책이지만 도서관에서 읽고 큰 도움을 받았다는 내용이었다. 책은 절판되었지만, 책의 수명은 끝나지 않았음을 실감했다.

　외부의 도움으로 마케팅을 하는 것도 좋지만 결국엔 자신의 채널을 활성화시켜 자기 브랜드의 마케팅 능력을 키워가는 것이 중요하다. 1인 기업가에게 자신의 채널은 단순히 상품을 판매하는 공간이 아니라 브랜딩을 위한 무대가 되어야 한다. 오늘 당장 성과를 보기 위한 마케팅이 아니라 내일을 준비하는 지속 가능한 마케팅이 필요한 것이다.

　"마케팅의 목표는 판매를 불필요하게 만드는 것이다."

경영학계의 구루(Guru, 스승)라고 불리는 피터 드러커의 말이다. 그의 말처럼 마케팅의 초점은 상품이 자연스럽게 팔리도록 만드는 데 있어야 한다. 세계 최대 규모의 온라인 플랫폼 아마존의 창립자 제프 베이조스는 "우리는 경쟁자를 신경 쓰지 않는다. 우리가 신경 쓰는 대상은 오직 고객뿐이다."라고 말한 바 있다. 출판 마케팅의 핵심도 결국 고객, 즉 독자다. 책 판매보다 독자와의 연결성을 우선시하고, 일관된 메시지를 전달하며 다양한 플랫폼을 활용해 확장해 나가야 한다. 새로운 시도를 두려워하지 말고 모든 것의 중심에 독자를 두어 자기 브랜드를 강화한다면, 마케팅은 자연스럽게 성공으로 이어질 것이다.

에필로그

마침내 1인 기업가가 될 당신에게

"참된 사람만이 강하며 자기 삶에서 승리할 수 있다."

언젠가 다가올 죽음을 떠올리며 묘비명을 지어보았다. 죽음 앞에서 나는 과연 어떤 생각을 할까 고민해 본다. 더 많은 돈을 갖지 못해서 후회할까, 대단한 명예를 얻지 못해서 아쉬워할까. 타인에 의해 좌지우지되는 삶이 아닌, 참된 나로서 내 삶에서 승리했다는 마음으로 눈을 감을 수 있다면 좋겠다는 생각이 든다.

매 순간 간절함으로 살아왔기에, 단 한 순간도 내 인생을 포기하지 않았기에 모든 순간에서 인생의 지혜를 얻을 수 있었다.

치열했던 직장 생활을 통해 나의 가능성을 엿보았고 경력 단절의 시간을 보내면서 인생에는 기다림도 필요하다는 것을 알게 되었다. 내 이름이 브랜드가 되는 1인 기업가로 살아오면서 인생은 내가 기대하는 만큼 기회를 준다는 것을 깨달았다.

인생은 끝없는 도전의 연속이다. 하지만 이 과정에는 수많은 장애물이 존재한다. 당신이 새로운 일을 시작할 때 꼭 기억해야 할 것은 가까운 사람조차 응원하지 않을 확률이 높다는 것이다. 그럼에도 불구하고 절망하지 않기를 바란다. 목표를 가지고 일관성 있게 노력해 나간다면 스스로 당당할 수 있고 주변 사람들 사이에서 당신만의 이미지를 구축할 수 있다.

첫 책을 쓸 때 가까운 사람들은 내게 "책은 아무나 쓰냐?"라고 말했지만 지금은 내가 소식을 전하지 못할 때도 집필을 하고 있을 거라고 예상한다.

인생의 기회는 타인이 주는 것이 아니라 스스로 부여하는 것이다. 누군가의 무시가 포기해야 할 이유가 되어서는 안 된다. 나는 나의 결핍을 성장을 위한 동력으로 활용했다. 누군가 나의 가능성을 무시한다면 그 상처를 반드시 해내야 할 이유로 만들었다.

만족해야 할 때와 만족하지 말아야 할 때를 잘 안다면 자신을 괴롭히는 수많은 감정으로부터 자신을 보호하면서 지속적인 발전을 해나갈 수 있다. 슬픔과 고통이 찾아오면 지금의 상황에 만족하는 마음이 필요하다. 자신의 어리석음에 만족하지 않고 내가 할 수 있는 노력을 한 후에 느끼는 '편안함'이 만족의 다른 이름이었으면 한다.

10년 동안 부지런히 책을 쓰며 경험을 쌓아 온 시간은 내 인생에 믿음을 갖게 해주었다. 나는 매일 내 안에서 확신이 차오름을 느낀다. 내가 가진 확신은 나를 만나는 사람들에게 전염된다. 내 안에 있는 모든 열정을 끄집어내어 타인의 삶에 긍정적인 변화를 이끌어 내면서 큰 자부심과 행복으로 마음이 채워진다. 이 행복은 선순환이 되어 타인에게 돌아간다. 나는 이것이야말로 '1인 기업가의 성공 시스템'이라고 생각한다. 내가 무너지면 모든 것이 무너지고 나를 바로 세우면 절대 무너지지 않는다.

세상에 빨리 성공하는 길은 없다. 남들보다 빨리 가려는 욕심은 자신의 발목을 잡아 본질을 놓치게 만든다. 절대 무너지지 않는 1인 기업가로 살아가기 위해서는 탄탄한 준비가 필요하다. 결코 순탄하지만은 않은 삶이기에 독자분들에게 도움을 주고 싶다는 마음이 간절하다. 1인 기업가로 치열하게 살아오면서 무너지고 다시 일어서기를 반복하며 깨달은 모든 것을 이 책에 담은 이유다. 이 책에서 말하는 퍼스널 브랜딩 4단계 전략을 차근차근 따라가 보았으면 한다.

혼자 고군분투하며 절망스러운 순간을 통과하더라도 거기가 끝이라고 생각하지 않기를 바란다. 인생은 끝까지 가봐야 알 수 있는 것이다. 예측할 수 없기 때문에 살아볼 만한 건지도 모른다. 충만한 자신감으로 시작해도 뜻대로 되지 않는 경우가 있고 절망의 끝에서 한 번 용기를 냈을 뿐인데 생각지도 못한 행운이 찾아오기도 하니까. 당장은 생계를 위해 어쩔 수 없이 하기 싫은 일을 하며 살아가더라도 언젠가는 내가 좋아하는 일로 즐겁게 살아갈 날에 대한 희망을 놓지 않기를 바란다.

앞으로 남은 생은 1인 기업가로서 성실히 글을 쓰는 작가로, 사람들의 마음을 움직이는 강연가로, 아낌없이 알려 주는 코치로 살아가면 어떨까. 내가 좋아하는 일로 자유롭게 일하는 1인 기업, 당신도 할 수 있다! 마침내 1인 기업가가 될 당신에게 영국의 저명한 작가 제임스 알렌의 메시지를 전한다.

"마음에 믿음의 등불을 밝히고 그 빛을 길잡이로 어둠 속을 걸어가라. 그 빛은 비록 햇살처럼 환한 깨달음의 빛과는 비교할 수 없을 정도로 희미하지만, 의심의 안개와 절망의 암흑을 안전하게 헤쳐 나가기에는 충분하다."

퍼스널 브랜딩의 모든 것